von Anneliese + Katharina (1. XI. 90)

von Anneliese + Katharina (1. XI. 90)

Die Bären der Welt

DIE BÄREN DER WELT

Terry Domico

Fotos von Terry Domico und Mark Newman

CIP-Titelaufnahme der Deutschen
Bibliothek

Die **Bären der Welt** / Terry Domico
(Text). Terry Domico u. Mark Newman
(Fotos). [Übers. aus d. Amerikan.:
Christine Weber]. – Braunschweig:
Westermann, 1990
Einheitssacht.: Bears of the world <dt.>
ISBN 3-07-509239-8
NE: Domico, Terry [Mitverf.]; EST

Titel der Originalausgabe: Bears of the
World
© der Originalausgabe:
Facts On File, Inc., New York
© Text: Terry Domico, 1988
© Fotos: Terry Domico und Mark
Newman, 1988

© der deutschen Ausgabe:
Georg Westermann Verlag GmbH,
Braunschweig 1990
Übersetzung aus dem Amerikanischen:
Christine Weber

To my mother,
who originally encouraged
my nature studies,
and to Robin,
with whom it is my turn.

VORWORT 9

DANKSAGUNG 13

ANMERKUNG VON MARK NEWMAN 15

BÄRENLEBEN: *Die Geheimnisse von Meister Petz* 19

NORDAMERIKAS SCHWARZBÄREN:
Amerikas häufigste Bärenart 37

BRAUNBÄREN: *Die Herren der Berge* 55

EISBÄREN: *Nomaden im ewigen Eis* 83

INHALT

„TROPISCHE" BÄREN:
Malaien-, Lippen- und Brillenbären   109

ASIATISCHE SCHWARZBÄREN:
Der Kragenbär in den Bergen   131

GROSSE PANDAS: *Der Bambusbär*   141

MIT DEN BÄREN LEBEN:
Eine Geschichtsstunde für die Zukunft   161

SICHERHEIT IM LAND DER BÄREN:
Empfehlungen und Warnungen   181

REGISTER   201

VORWORT

Seit Urzeiten übt der Bär eine große Faszination auf den Menschen aus. Wir sehen in ihm ein Symbol für unberührte Wildnis, klare Gewässer und tiefe, dunkle Wälder. In vielen Kulturen wird ihm die spirituelle Kraft des Heilens und der Erneuerung zugeschrieben. Unsere Vorstellungen vom Bären reichen vom clownartigen Tanzbären bis zum legendenumwobenen wilden Ungeheuer. Irgend etwas an diesen Tieren erregt unsere Gefühle und unsere Neugier.

Meinen ersten Bären sah ich in Idaho, wo ich aufwuchs. Mit meinen beiden jüngeren Brüdern befand ich mich auf einer einwöchigen Wanderung, die entlang dem Cottonwood Creek in die Sawtooth Mountains führte. Wir hatten gerade unsere Zelte abgebaut, um an diesem Tag bis zur Baumgrenze hinauf zu steigen, als Steve, der Jüngste, ihn entdeckte: „Ein Bär!"

Erstarrt blieben wir stehen und blickten in die Richtung, die Steve wies, zum Bach hinunter. Das Tier, so groß wie ein Pferd und mit zottigem, silbrig braunem Fell, hatte gerade einen Fisch gefangen. Als es uns bemerkte, richtete es sich auf und beobachtete uns. Es war ein Grizzly, der nordamerikanische Braunbär.

Nie wieder hat mich ein Tier so intensiv angestarrt. Ohne nachzudenken, zog ich meine kleinkalibrige Pistole, entsicherte sie und gab den anderen ein Zeichen, sich nicht zu bewegen. Eine Ewigkeit schien zu vergehen, bis der Bär endlich reagierte. Er drehte sich um und brach mit seiner riesigen Vorderpranke mehrere junge Espen um, die ihm im Weg standen. Die Stämme dieser Espen waren circa acht bis elf Zentimeter dick. Dann trat er die Flucht an. Mit schlotternden Gliedern stiegen wir ein wenig höher und setzten uns hin. Während ich die Pistole noch immer in der Hand hielt, wurde mir klar, daß ich damit nichts gegen die Kraft dieses Tieres hätte ausrichten können.

Ein solches Erlebnis kann man nicht für sich behalten. Noch lange Zeit danach erzählte ich jedem von diesem Vorfall, und zu meiner Freude konn-

Einem großen Braunbären zu begegnen, ist stets ein aufregendes Erlebnis.

ten viele meiner Zuhörer von eigenen Begegnungen mit Bären berichten. Häufig handelte es sich um Jagdgeschichten oder um den Angriff eines Grizzlys, von dem sie kürzlich gehört hatten. Manchmal aber hörte ich von Bären, die gar nicht bemerkt hatten, daß sie beobachtet wurden. Solche Geschichten faszinierten mich besonders, schienen sie doch einen Einblick in das ganz private, geheimnisvolle Leben dieser Tiere zu geben.

In der alten amerikanischen Jagdtradition groß geworden, konnte ich gar nicht genug über Bären hören, und bis ich erwachsen war, wußte ich bereits eine Menge über sie. Bei der Vorbereitung dieses Buches stellte sich jedoch heraus, daß das meiste, was ich bis dahin gelernt hatte, falsch war.

Nach Ansicht der Anthropologin Margret Mead halten sich Fehlinformationen am längsten. In bezug auf Bären scheint das zuzutreffen. Nur den Anstrengungen ehrgeiziger Wildbiologen und der modernen Technik ist es zu verdanken, daß unser Wissen über Bären in den vergangenen dreißig Jahren erheblich gewachsen ist. Dieses Buch faßt zum Teil den heutigen Kenntnisstand zusammen.

Vorurteile sterben nur langsam aus. Auch manche Begriffe, die wir bei der Beschäftigung mit Bären verwenden, können zu Mißverständnissen und falschen Vorstellungen führen. So werden im Englischen männliche Bären häufig „boars" (Keiler) und weibliche „sows" (Bachen) genannt – Bezeichnungen, die eigentlich für Schweine gelten.

Während man die Bären noch zu Beginn des Jahrhunderts in etwa hundert Arten untergliederte, geht die Wissenschaft heute von nur acht Arten und etwa zehn Unterarten aus. Auch die verschiedenen Namen für den nordamerikanischen Braunbären stiften Verwirrung. Der im Binnenland lebende Braunbär wird allgemein „Grizzly" genannt, der an den Küsten lebende dagegen „Alaskan brown bear". Da die beiden nur schwer zu unterscheiden sind, einigte sich das Alaska Fish and Game Department, zuständig für Naturschutz und Jagd, darauf, eine imaginäre Trennlinie zu ziehen, die etwa 120 bis 160 Kilometer von der Küste entfernt liegt. Die jenseits dieser Linie, im Landesinnern vorkommenden Tiere werden als „Grizzly" und die küstennahen als „Alaskan brown bear" bezeichnet. Einige Forscher betrachten den Grizzly sogar als eigene Unterart. Demnach würde ein Grizzly, der bis zur Küste wandert, plötzlich einer anderen Unterart angehören. Anfänglich hielt ich es für besser, in diesem Buch die lateinischen Namen zu verwenden, um Mißverständnissen vorzubeugen. Diese stellten sich jedoch als ebenso wenig verläßlich heraus. Zu Zeiten, als man noch nicht sicher war, ob der Eisbär zu den Bären gehört, wurde er *Thalasarctos maritimus* genannt, später erhielt der den Namen *Ursus maritimus*. Bis Anfang der sechziger Jahre hieß der Schwarzbär noch *Euarctos americanus*, heute trägt er den Namen *Ursus americanus*.

Zu einem Großteil geht die heutige Systematik auf die International Bear Biology Association zurück, die 1968 während einer mehrtägigen Zusammenkunft von Biologen in Whitehorse, Yukon Territory, gegründet wurde. Inzwischen ist diese Vereinigung, die alle drei Jahre einen Kongreß veranstaltet, erheblich angewachsen. Nur wenigen Tieren wurde in den letzten Jahrzehnten so viel Aufmerksamkeit zuteil, wie den Bären.

In diesem Buch wurden die heute geläufigen Artennamen verwendet. Sofern Angaben zur Biologie oder Verhaltensweise noch umstritten sind, habe ich die verschiedenen Interpretationen angeführt. Ich hoffe, mit diesem Buch die vorliegenden Erkenntnisse zusammengefaßt zu haben und zu weiteren Forschungen anzuregen.

Während der dreijährigen Vorbereitungszeit dieses Buches haben der Fotograf Mark Newman und ich auf unseren Reisen etwa 200 000 Kilometer zurückgelegt und 800 Filme verbraucht. Ferner wurden Interviews von 85 Stunden Dauer aufgenommen und niedergeschrieben. Auf den Arbeitsaufwand für dieses Buch angesprochen, pflege ich stets zu antworten: „Ein Buch schreibt man nicht einfach, man erlebt es." Und so ist es während des gesamten Projekts gewesen.

Einige unserer Methoden, Informationen über Bären zu erhalten, gehören nicht unbedingt in den üblichen Rahmen der Tierforschung. In Südostasien gingen wir beispielsweise dazu über, unsere Aktion „Bierforschung" zu nennen. Anstatt erster Klasse zu fahren, in guten Hotels zu wohnen und in teuren Restaurants zu speisen, mischten wir uns unter die Einheimischen und versuchten, mit denjenigen Kontakt aufzunehmen, die ein bißchen Englisch verstanden. Wenn auch das fehlschlug, holten wir unseren Sprachführer heraus und zeigten auf Wörter und Sätze. Und wir gaben den Leuten Bier aus, viel Bier sogar. Nach einigen Gläsern pflegten wir dann Fotos der Bären herumzuzeigen, über die wir Informationen benötigten. Anfänglich verhielten sich die Leute sehr zurückhaltend, und es war kaum möglich, ihnen Informationen zu entlocken. Doch nach einigen Wochen, als unser Ruf uns schon vorauseilte, wurden wir herzlich aufgenommen. Besonders für meinen Bericht über den Malaienbären hat sich die „Bierforschung" gelohnt. Über seine Lebensweise war bis dahin so gut wie nichts bekannt. Nun wissen wir ein wenig mehr über diesen kleinen Dschungelbären.

Um weitere Informationen über die weniger bekannten „exotischen" Bären zu erhalten, verschickte ich zahlreiche Fragebögen an Zoos. Angesichts der fehlenden Literatur über tropische Bären war dies die einzige Möglichkeit, sich wenigstens die elementarsten Kenntnisse anzueignen. Die vielen Antwortschreiben haben erheblich zu unserem Wissen über die Bären beigetragen.

Terry Domico
Bainbridge Island, Washington

DANKSAGUNG

Viele Menschen haben auf die eine oder andere Weise zum Entstehen dieses Buches beigetragen. Einigen möchte ich an dieser Stelle besonders danken, ohne deren Hilfe diese Zusammenstellung vielleicht nie entstanden wäre. Mein Dank gilt Dr. Charles Jonkel für unsere zahlreichen Zusammenkünfte; Ralph Flowers für seine Anstrengungen, Frieden mit den Bären Washingtons zu schließen; Lance Sundquist, Naturschützer aus British Columbia, für seine Aufklärungskampagnen; Larry Aumiller, der mir die Braunbären des McNeil River zeigte; Polly Hessing für ihre Begleitung an einem der wenigen sonnigen Tage am Mikfik Creek und für den hübschen Bärenschädel, den ich später in der Post fand; Bruce Kaye und seinem Team, das Mark Newman im Kenai Fjords National Park half, den Sturm zu überleben; Mark Rosenthal, Kurator des Lincoln Park Zoos, für seine Unterstützung, den Brillenbären zu fotografieren und verstehen zu lernen; Barrie Gilbert, der den Bären so sehr zugetan ist; Kathleen Jope, die uns an den Brooks Falls behilflich war; Bill Cook, der meine ständigen Fragen ertrug; Bruce McLellan für seine Erinnerungen an Blanche; Pete Clarkson, der mich am Cape Churchill Research Tower rettete; Lance Olsen, der mir die *Bear News* zukommen ließ; Clifford Rice, der mich mit Informationen über den Lippenbären versorgte; Wayne McCrory für seine Schutzbemühungen in Kanada; Cathy Peppers, die deutschsprachige Literatur ins Englische übersetzte; Kenneth Elowe und Charles Willey, die mir Material über die Altersbestimmung bei Bären zur Verfügung stellten; den Mitgliedern der International Bear Biology Association, die mir freien Zugang zu ihren Tagungen gestatteten; Lee Werle und David Towne vom Zoo des Seattle's Woodland Park, die uns halfen, nach China zu kommen; Mike Craig, Präsident der Seattle-Chongquing Sister City Association, der uns zu Kontakten mit Chinesen verhalf; Tong Quixuo, Pandabetreuer im Zoo Chongquing, der viel Geduld bei den Fotoaufnahmen bewies; Toshihiro Hazumi vom Tokyo Wildlife

Management Office für unsere Gespräche über die Kunst des Lebens; Naoko Maeda vom Bärenpark Noboribetsu für seine Freundlichkeit und die Liebe zu seiner Arbeit; Kazuhiko Maita, der mir zu einer Bewährungsprobe verhalf; Shin Yoshino für die Freundschaft und die Begleitung in Tokio; Patrick Andau, Wildhüter aus Sabah, Malaysia, der uns bei der Arbeit mit Malaienbären unterstützte; Francis Liew und Diosdado Villanueva aus Sabah für ihre Hilfe; Chin Kah Thing, der auf Borneo so vieles möglich machte; Ricky Lee, mit dessen Malaienbären wir arbeiten durften; Patrick Seath von den Malasian Airlines, der uns aus einer Taxischlange herausholte und sich stets als Freund erwies; Tiger Yang und Sun Shizheng vom Chongquing Foreign Affairs Office, die uns bei den Reisevorbereitungen halfen; Shi Ming Wen und Dr. Hu vom Zoo in Chongquing, der die Einrichtungen der Pandagehege für unsere Arbeit zur Verfügung stellte und uns viele Informationen gab; Shi Liang vom Chengdu Foreign Affairs Office für den erfolgreichen Besuch in Wolong; William Thomas jr. vom amerikanischen Konsulat in Chengdu, der „als Zoologe arbeitete, bevor er den falschen Weg einschlug"; Mark Newman, der mich als Fotograf begleitete und seine Zeit und Begabung dem Projekt widmete; Ken Talley für die wertvollen Anregungen zum Textteil dieses Buches; meinem Verlagsagenten Ivy Stone, aus dessen Idee sich das Projekt entwickelte; meinem Verlagsleiter Gerry Helferich für seine hilfreiche Unterstützung. Ihnen allen verdanke ich, daß ich mich entfalten und meine Arbeit tun konnte.

Anmerkung von Mark Newman

1981 zog ich mit meiner Familie von Wyoming nach Alaska, um der unberührten Landschaft Nordamerikas ein wenig näher zu sein. Bei meinen Arbeiten als Tierfotograf entdeckte ich schnell, daß kaum ein anderes Tier die Wildnis, die ich suchte, so sehr verkörperte wie der Grizzly. Daher mußte ich nicht lange nachdenken, als Terry Domico mich 1985 anrief und fragte, ob ich an einem Buch über Bären mitarbeiten wollte.

Bereits zwei Jahre später sollte ich mich im Dschungel Borneos wiederfinden. Auf allen Vieren bewegte ich mich vorwärts und zog Blutegel von meiner Haut, während ich versuchte, Aufnahmen vom Malaienbären zu machen; im Regenwald wurde ich von einem Orang Utan gepackt und 200 Meter weit geschleppt, bevor er mich fallen ließ; ich trank aus Schlammlöchern, deren Wasser mit Elefantenurin vermischt war, um meinen Durst zu stillen; bemühte mich, die Fahrradtouren inmitten von Millionen Menschen in Chengdu zu überleben, während wir auf die Erlaubnis warteten, das Wolong Reservat besuchen zu dürfen; übte mich in der Überlebenskunst, einfach alles zu essen; fror mich halb zu Tode in den eisigen Stürmen Manitobas, um kälteresistente Eisbären zu fotografieren; saß verlassen an einem Strand Alaskas, um Aufnahmen von Schwarzbären zu machen, während ein zwei Wochen andauernder Regensturm die Brandung aufwühlte und tote Robben und Schweinswale hinter meinem Zelt an Land trieb.
Danke für alles, Terry.

Mark Newman
Anchorage, Alaska

DIE BÄREN DER WELT

BÄRENLEBEN:

Die Geheimnisse von Meister Petz

Wie die meisten Menschen, die allein in den Wald gehen, habe, oder besser gesagt, hatte auch ich Angst vor Bären, bis eines Tages gegen Mitternacht im Südwesten Alaskas, im Katmai National Park, etwas Außergewöhnliches geschah. Ich war dorthin gefahren, um Braunbären an den Stromschnellen von Brooks Falls bei der Jagd auf wandernde Lachse zu fotografieren. Da es eine Unterwasseraufnahme werden sollte, hatte ich zuvor eine wasserdichte Automatikkamera entworfen und gebaut, die durch Fernbedienung ausgelöst werden konnte.

Jeden Tag stellte ich nun die Kamera im See unterhalb der Wasserfälle auf, dort, wo sich die Lachse zusammendrängten, und ich hoffte, daß sich ein Bär im Aufnahmewinkel zeigen würde. Da es Sommer in Alaska war, blieb es fast bis Mitternacht hell. Nach Sonnenuntergang holte ich die Kamera heraus, verstaute sie in einer Schultertasche und marschierte den drei Kilometer langen Weg zum Camp zurück.

An jenem besagten Abend begleitete mich ein Parkaufseher, der seinen freien Tag hatte. Wir hatten den ganzen Tag versucht, eine Unterwasseraufnahme zu machen, und gingen nun plaudernd den Pfad entlang. Ab und zu riefen wir laut „He!, Bär!" in den Wald, um möglicherweise anwesende Bären vor unserer Annäherung zu warnen.

Als wir um eine Biegung kamen, stießen wir unvermittelt auf eine große Braunbärin, die mit zwei Jungen mitten auf dem Weg lag. Vielleicht hatte sie geschlafen und uns deshalb nicht gehört. Schon früher hatten mich Wildhüter davor gewarnt, an einen dieser Großbären näher als 40 bis 50 m heranzugehen, besonders wenn er Junge hat. Häufig wird man schon ab 100 m Entfernung von einem Bären als Eindringling angesehen. Diese Bärin lag gerade 12 m von uns entfernt.

Wir blieben beide stehen und überdachten die Situation. Wenige Schritte vor den Bären teilte sich der Weg. Die linke Abzweigung zur Brücke wurde

Die Bärenspuren im weichen Schlamm lassen deutlich fünf Zehen erkennen. Der obere Abdruck zeigt in der Verlängerung den angedeuteten Fersenballen und stammt von der Hintertatze.

Trotz des „Ignorierverhaltens" der Bärin behalten die halbwüchsigen Jungen den Fotografen wachsam im Auge.

Der Stoff, aus dem die Alpträume sind – im Schein des Lagerfeuers glühen die Augen eines neugierigen Bären.

durch die Tiere blockiert; die rechte, die zu einem kleinen Boot führte, mit dem man den nahen Fluß überqueren konnte, lief zu nahe an den Bären vorbei und kam nicht in Betracht. Also bewegten wir uns, während wir unsere mißliche Lage besprachen, bedächtig Schritt für Schritt rückwärts. Als die Bärin aufstand und uns anblickte, hielten wir in unserer Bewegungen inne und sprachen sanft auf sie ein. Sie schaute uns nacheinander an, drehte sich dann um und trabte zum Fluß. Noch einmal über die Schulter zu uns herüberblickend rief sie ihre Jungen, senkte den Kopf und begann, mit der Tatze im Wasser herumzuplanschen. Wir konnten nur noch ihr riesiges, zottiges Hinterteil sehen.

Ich nahm an, daß eine durch unsere Anwesenheit ernsthaft beunruhigte Bärin sich gewiß nicht einfach von uns abwenden würde, diese aber ließ uns sogar vorbei. Während wir den Weg zum Boot einschlugen, sah ich mich um und versuchte, sie im Auge zu behalten. Etwas weiter oben riskierte ich noch einen Blick. Die Bärin beobachtete uns. Einen Moment später trottete sie zu ihrem Platz zurück und ließ sich mitten auf dem Weg nieder, während die Jungen um sie herumtollten. Ich konnte mich des Eindrucks nicht erwehren, daß wir soeben einem intelligenten Tier begegnet waren.

Später erzählte ich diesen Vorfall Barrie Gilbert, einem Verhaltensforscher an der Utah State University, der sich auf Bären spezialisiert hat und im Katmai National Park die Wechselwirkungen beim Zusammentreffen von Bär und Mensch untersuchte. Ich fragte ihn, ob er meine, daß der Bär zuerst die Lage gepeilt und uns dann vorbeigelassen habe. Barrie erklärte, daß es für dieses gar nicht ungewöhnliche Verhalten sogar einen Begriff gibt – „ignoring behaviour" (Ignorierverhalten). Offensichtlich hatte die Bärin uns nicht als Bedrohung für sich oder ihre Jungen empfunden. Zur Entspannung der Situation war es für sie am einfachsten gewesen, ihren Kopf zu senken, also den Blick von uns zu wenden.

„Im Grunde gab sie euch zu verstehen: ‚Geht weiter, ich schaue nicht hin'", erklärte Barrie.

Zum ersten Mal hatte ich bei einem Wildtier so etwas wie Besonnenheit erfahren. Respekt war plötzlich an die Stelle meiner Angst vor Bären getreten, und eben dieser Respekt förderte mein Interesse an diesen Tieren und ihrer Entwicklungsgeschichte. Was macht eigentlich einen Bären aus?

DER URSPRUNG DER BÄREN

Über den Ursprung der Bären liegen nur bruchstückhafte Erkenntnisse vor. Allem Anschein nach haben sich die Bären vor etwa 30 bis 40 Millionen Jahren während des frühen Oligozäns aus einer Familie kleiner, fleischfressender und auf Bäume kletternder Säugetiere, den sogenannten Miaziden, entwickelt. Auch Kojoten, Wölfe, Füchse und Waschbären stammen wohl von diesen Urahnen ab. Sehr früh entwickelten die Miaziden spezielle Eckzähne, um Fleisch durchbeißen und zerreißen zu können. Die ersten Fleischfresser erfuhren mit der Ausbildung der Reißzähne eine weitere Spezialisierung. So wurden der letzte vordere Backenzahn des Oberkiefers und der erste Backenzahn des Unterkiefers zu Reißzähnen, die Fleisch zerteilen konnten.

Anfänglich war das Gehirn dieser Fleischfresser noch klein und wenig entwickelt, was vielleicht damit zusammenhing, daß die frühen Pflanzenfresser, von denen sie sich ernährten, leicht zu erbeuten waren. Im Laufe der Zeit und im Zuge einer evolutionären „Aufrüstung" entwickelten sowohl Raub- als auch Beutetiere größere Gehirne und ein komplexeres Verhaltensmuster, um sich im Kampf um das Überleben der Art gegenseitig zu überlisten.

Die Fleischfresser erwiesen sich als äußerst erfolgreich und bildeten drei Hauptstammbäume, die sich getrennt voneinander weiterentwickelten: die Familien der Hunde, der Katzen und der Seehunde. Die ersten echten Bären stammen von einem bärenartigen Hund, der vor etwa 27 Millionen Jahren in Nordamerika während des späten Oligozäns lebte.

Der Schädel eines Braunbären. Form und Gebiß lassen deutlich den Fleischfresser bzw. die Verwandtschaft mit Hunden erkennen.

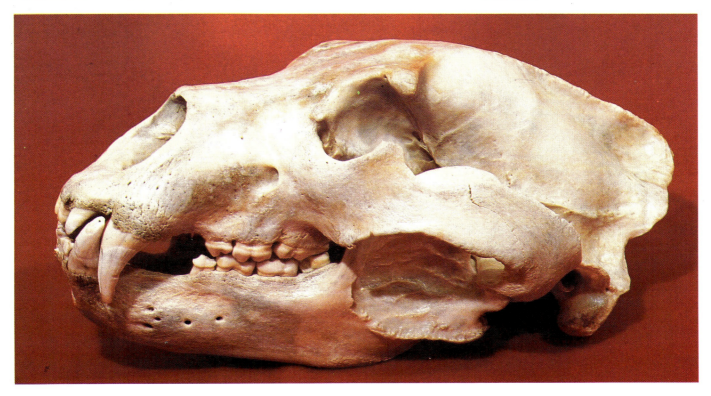

Wie einige Forscher meinen, hatte das älteste bekannte bärenartige Tier, *Ursavus elemensis*, etwa die Größe eines Foxterriers. Es lebte vor etwa 20 Millionen Jahren in subtropischen Regionen Europas. Echte Bären entstanden vor etwa sechs Millionen Jahren und entwickelten schnell zahlreiche Arten, von denen einige enorme Körpergrößen erreichten. Großräumige und wahrscheinlich klimatisch bedingte Veränderungen führten später zum Aussterben von insgesamt neun Gattungen und zahlreichen Arten. Irgendwann in dieser Periode entwickelten sich unsere heutigen Bären aus einer kleinen Art namens *Protursus*, die ebenfalls mit der Zeit ausstarb.

Aufstieg und Fall des „dritten Bären"

Vor etwa 2,5 Millionen Jahren lebte der erste Bär der Gattung *Ursus*. Seinen europäischen Nachkommen entstammt der *Ursus etruscus*, aus dem sich später drei verschiedene Arten entwickelten. Zwei dieser Arten wurden in Asien gefunden, und man geht davon aus, daß von ihnen die heutigen Braun- und Schwarzbären abstammen. Die dritte, vor langer Zeit ausgestorbene Art lebte in Europa und ist unter dem Namen Höhlenbär *(Ursus spelaeus)* bekannt. Die Höhlenbären waren Zeitgenossen des Neandertalers und gehör-

Die „jüngste" Bärenart ist der Eisbär – Symbol der arktischen Landschaft.

ten vermutlich zu dessen Jagdbeute. Fossilien von Höhlenbären datieren aus den Zeiträumen von vor 30 000 oder 40 000 Jahren (vielleicht sogar 50 000 Jahren) bis vor 10 000 Jahren.

Die Frage, warum der Höhlenbär ausstarb, gab den Paläontologen Anlaß zu unterschiedlichen Spekulationen. Einige meinen, daß der Bär an seiner eigenen „Selbst-Domestikation", verursacht durch das anhaltende Eingesperrtsein während der langen Winter der Eiszeit, zugrunde ging. Hält man große Raubtiere viele Jahre lang in Käfigen, so entwickeln sich bei ihnen spezielle Krankheiten der Wirbelsäule wie zum Beispiel Entzündungen und Atrophie. Außergewöhnlich viele Fossilien von Höhlenbären stammen von erkrankten oder physisch degenerierten Tieren.

Ebenso ungewöhnlich ist die hohe Anzahl der aufgefundenen Skelette. Der beeindruckendste Fund stammt aus der Drachenhöhle bei Mixnitz in Österreich. Hier türmten sich Skelette von über 30 000 Tieren. Niemand weiß so recht, wie sie alle dort hineingekommen sind. Ein mit Bärenschädeln gefüllter Steintrog, der im Drachenloch ob Vättis im Taminatal in den Schweizer Alpen entdeckt wurde, legt die Vermutung nahe, daß der Höhlenbär eine der ersten Jagdtrophäen des Menschen gewesen sein könnte. In einer Höhle nahe Erd in Ungarn fand man die Knochen von mehr als 500 Höhlenbären, die vermutlich von Neandertalern getötet worden waren. Messungen nach der Radiokarbonmethode ergaben, daß die Knochen über 49 000 Jahre alt sind. Auch in zahlreichen anderen Höhlen Europas wurden Knochen von Bären gefunden, die vermutlich von Menschen getötet wurden. Haben die vorgeschichtlichen Bewohner Europas das Aussterben des Höhlenbären verursacht oder zumindest beschleunigt? Wahrscheinlich ist es, denn viele Skelette von Höhlenbären zeigen noch Spuren von Axtschlägen.

Andere Forscher gehen davon aus, daß der Höhlenbär ein reiner Pflanzenfresser war, obwohl er von Fleischfressern abstammte. Der Mageninhalt einiger Bären, die unter Lagen von Fledermauskot in einer Alpenhöhle gut erhalten gefunden wurden, setzte sich vornehmlich aus pflanzlichen Bestandteilen zusammen. Rekonstruktionen anhand der Knochen zeigen, daß der Höhlenbär ein schweres Tier war: Ein großer männlicher Bär wog über 400 kg. Viele Schädel zeigten eine besondere Deformation, verursacht von der sogenannten Actinomycosis, die vermutlich nur Pflanzenfresser befällt.

Vielleicht war der Höhlenbär ein Vegetarier, doch ich möchte es bezweifeln. Untersucht man den Mageninhalt der meisten heutigen fleischfressenden Bären (mit Ausnahme des Eisbären), so findet man größtenteils pflanzliche Anteile. Da die meisten Regionen mehr pflanzliche als tierische Nahrung bieten, scheint dies naheliegend zu sein. Doch die Höhlenbären fraßen, wie auch die heutigen Bären, wahrscheinlich auch andere Tiere.

Der Name „Höhlenbär" wurde den Fundstellen dieser Tiere entlehnt. Er mag mißverständlich sein, denn die Bären haben in den Höhlen vermutlich nicht gelebt, sondern nur überwintert. Die unverhältnismäßig große Zahl von Überresten erkrankter Bären erklärt der Paläontologe Björn Kurten durch den Hinweis, daß die in Höhlen gefundenen Skelette notgedrungen von zumeist alten und kranken Bären stammen, da gesunde Alttiere in der Regel in der offenen Landschaft sterben. Zudem verschwand der Höhlenbär am Ende der Eiszeit, als viele andere Säugetiere ebenfalls ausstarben.

Frühe amerikanische Bären

Die ersten Bären wurden in Europa nachgewiesen. In Nordamerika ist die Existenz des Bären erst im Pleistozän belegt, also zumindest vor 1,5 Millionen Jahren. Offensichtlich waren sie über die Bering-Landbrücke, die zu jener

Für seine Körpergröße ist der Braunbär erstaunlich schnell; auf kurzen Strecken erreicht er eine Geschwindigkeit von 64 km/h.

Zeit Nordamerika mit Nordostasien verband, eingewandert. Bei La Brea im Hancock Park von Los Angeles, Kalifornien, wurden die Überreste dreier verschiedener Formen gefunden. Neben Braun- und Schwarzbären stammten die meisten Skelette vom Kurzschnauzbären *Arctodus simus*. Dieser besaß ungewöhnlich lange Beine und war größer als der Kodiakbär Alaskas, wenn auch nicht so kräftig gebaut. *Arctodus* war ein Fleischfresser, der mit seinen langen Beinen schnell laufen konnte. Diese Gewandtheit bewahrte ihn jedoch nicht vor dem Aussterben. Sein einziger noch lebender Verwandter ist der in Südamerika lebende Brillenbär.

Unsere heutigen Bären

Man nimmt an, daß sich der Eisbär, unsere jüngste Bärenart, vom europäischen Braunbären vor etwa 100 000 Jahren getrennt hat. Mit Ausnahme von Australien gibt oder zumindest gab es auf jedem Kontinent der Erde Bären, doch haben bis heute nur acht Arten überlebt. In einigen Gebieten ist die Zahl so stark zurückgegangen, daß sechs Arten inzwischen auf der Roten Liste der bedrohten Tierarten der International Union for the Conservation of Nature (IUCN) stehen.

DER KÖRPERBAU DER BÄREN

Alle Bären sind sich von der Gestalt her sehr ähnlich und variieren hauptsächlich in Größe und Färbung. Ein Vergleich der Skelette läßt viele Gemeinsamkeiten mit Hunden und Wölfen erkennen. Doch im Gegensatz zu Hunden werden Bären recht groß und als Alttiere mindestens 45 kg schwer. Einige erreichen eine beträchtliche Körpergröße. Ein Eisbär, der 1962 geschossen wurde, maß in aufgerichtetem Zustand über 3,5 m und soll 1000 kg gewogen haben.

Bären besitzen einen massigen Körper; Beine, Hals und Schwanz sind relativ kurz. Sie haben einen großen Kopf mit runden Ohren und, für ein solch großes Tier, ungewöhnlich kleine Augen. Im Gegensatz zu anderen Fleischfressern sind die Lippen der Bären nicht mit dem Zahnfleisch verbunden und dadurch beweglich und vorstreckbar. Ihr dichtes Fell, das durch eine dicke Fettschicht gepolstert ist, vermittelt oft den Eindruck, es mit einem unbeweglichen und eher langsamen Tier zutun zu haben. Der Schein trügt, denn ein großer Braunbär kann auf kurzen Strecken eine Geschwindigkeit bis 64 km

Die Hintertatze eines Bären ähnelt dem menschlichen Fuß. Bären sind, wie Menschen, Sohlengänger.

pro Stunde erreichen. Das ist schnell genug, um ein galoppierendes Pferd einzuholen und es mit einem Hieb der Vordertatze zu töten. Die meisten Bären sind nicht in der Lage, vom Boden hochzuspringen, doch fast alle sind exzellente Kletterer. Alle Bären können schwimmen.

Bärentatzen

Die fünf Zehen der breiten Bärentatze sind mit gekrümmten, nicht einziehbaren Krallen ausgestattet. Die Krallen an den Hintertatzen sind in der Regel länger als an den Vordertatzen. Obwohl sie anstelle von beweglichen Fingern Krallen besitzen, können Bären mit ihren Vordertatzen Objekte sehr geschickt bewegen. Ich habe beobachtet, wie ein großer Braunbär in seinen Tatzen eine Feder hielt und sie mehrere Male drehte. Die Vorderpranken sind zum Graben nach Nahrung bestens geeignet.

Bären sind wie wir Menschen Sohlengänger, das heißt, daß sie beim Laufen Ferse und Sohle ganz auf den Boden aufsetzen. Diese Gangart ermöglicht es ihnen, sich auf ihren Hinterbeinen aufzurichten. Beim Laufen werden die Vordertatzen leicht nach innen gerichtet.

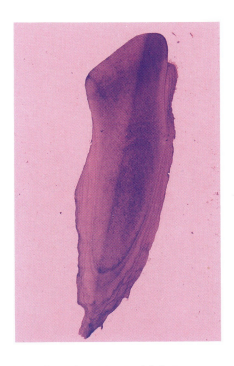

Vorbackenzahn eines neunjährigen amerikanischen Schwarzbären. Deutlich sind hier, unter dem Mikroskop, die Wachstumsringe – cementum annuli – zu erkennen.

Bärenzähne und Altersbestimmung

Die Zähne der Bären sind zwar lang, jedoch nicht speziell zum Fleischfressen ausgebildet. Die spitzen Eckzähne dienen zum Fangen und Töten der Beute. Vorbackenzähne und Backenzähne sind nicht mehr auf das Zerkleinern von Fleisch spezialisiert, statt dessen haben sie die schwere, zum Mahlen ausgebildete Form typischer Pflanzenfresser. Pflanzen machen über 75 Prozent der Bärennahrung aus.

Forscher haben herausgefunden, daß die Zähne ein Leben lang weiterwachsen. Mikroskopisch kleine Wachstumsringe, *cementum annuli* genannt, werden jedes Jahr, ähnlich den Ringen eines Baumes, gebildet. Entnimmt man einen Zahn, weicht ihn eine Woche lang in Salpetersäure ein, schneidet ihn dann in sehr dünne Abschnitte, färbt diese ein und betrachtet sie unter einem Mikroskop, so kann man anhand der Ringe das Alter des Bären bestimmen. Um das Alter eines lebenden Bären festzustellen, betäubt man ihn und zieht dann einen kleinen Vorbackenzahn. Das Entnehmen dieses rudimentären Zahnes schadet dem Bären nicht.

In Freiheit können Bären zwar älter als 30 Jahre werden, doch wird dieses hohe Alter nur selten erreicht, da die Tiere vielfältigen Gefahren, zum Beispiel bei der Jagd, ausgesetzt sind.

Manchmal ist eine ganze Bärenpopulation jünger als zehn Jahre. Allgemein läßt sich von einer jungen Population auf eine hohe Sterblichkeitsrate schließen. An der Breite der Zahnringe kann man den Gesundheitszustand des Tieres ablesen.

Parasiten und Probleme

Wie alle Wildtiere werden Bären von inneren und äußeren Parasiten befallen. Zu den mindestens 50 bekannten Parasiten gehören Protozoen, darmbefallende Einzeller, Bandwürmer, Hakenwürmer, Spulwürmer, besonders Trichinen, ferner Läuse, Flöhe und Zecken.

Trichinen können bei Menschen, die rohes oder halbgares Bärenfleisch essen, eine langwierige und schwere Krankheit hervorrufen. Nicht alle Bären werden von Trichinen heimgesucht, besonders anfällig aber scheinen jene zu sein, die in arktischen Regionen und Taigawäldern des Nordens leben. Es wird angenommen, daß fast alle Eisbären und Dreiviertel aller Braunbären bis zu einem gewissen Grad infiziert sind. Trichinen vermehren sich im Darm, und ihre Larven wandern durch den Blutkreislauf in verschiedene Körperteile, wo sie sich zumeist in Muskeln einkapseln. Bären scheinen von vielen Krankheiten, die auch Menschen befallen, betroffen zu sein, darunter Arthritis und Infektionen wie Tuberkulose oder Lungenentzündung.

Sehvermögen und Geruchssinn

Ein hartnäckiges Gerücht besagt, daß Bären nicht gut sehen können. Dr. Charles Jonkel, einer der führenden Bärenforscher der USA, sagt:

„Ich kann Ihnen 50 Zitate vorlegen, die behaupten, daß Bären eine schwache Sehkraft besitzen, doch das ist einfach nicht wahr. Vielleicht rührt diese Vorstellung daher, daß Bären, sobald sie Menschen wittern, ausgiebig zu schnüffeln beginnen. Das tun sie jedoch nicht, weil sie halbblind sind, sondern weil

Die Fähigkeit, zugeworfene Leckerbissen aus der Luft aufzufangen, beweist ein gutes räumliches Wahrnehmungsvermögen.

ihr Geruchssinn überaus fein entwickelt ist. Mit ihrer Nase können sie 20 verschiedene Dinge an Ihnen feststellen, was mit der Sehkraft allein nicht möglich ist... so etwa, welchem Geschlecht Sie angehören, wie alt Sie sind und wie sich Ihr Frühstück zusammensetzte... die Nase eines Bären ist zumindest ebenso hoch entwickelt wie die eines Hundes.“

Bären können auch Farben erkennen. Dr. Jonkel fand heraus, daß sie von Farben angezogen werden, wobei noch nicht geklärt ist, ob die Bären auf die spezielle Farbe oder ihre Schattierung reagieren. Die Position der Augen sagt etwas über das Sehfeld des Bären aus. Bei Fleischfressern sitzen die Augen relativ eng beieinander und sind nach vorne ausgerichtet, um eine bessere Tiefenschärfe und Lokalisierung der Beute zu ermöglichen. Für die erfolgreiche Jagd auf bewegliche Beute sind gute Augen zweifellos eine wichtige Voraussetzung.

Beweise für hervorragende Sehkraft

Bei Experimenten, die 1937 in einem europäischen Zoo durchgeführt wurden, konnten Braunbären ihre Pfleger auf eine Entfernung von 91 Metern erkennen. Kürzlich beobachtete ich im Chengdu Zoo in China, wie Hunderte von Besuchern einigen bettelnden Bären Leckerbisse zuwarfen. Erdnüsse, Kekse, Brotstücke und Zuckerwürfel wurden aus etwa 6 bis 9 m Entfernung den im tiefer gelegenen Graben wartenden Bären zugeworfen. Jedesmal, wenn ein Objekt in hohem Bogen angeflogen kam, reckte sich einer der nächststehenden Bären lässig und fing es geschickt aus der Luft auf.

Die Fähigkeit der Bären, Bewegungen wahrzunehmen, ist sogar auf große Entfernung sehr gut, wie ich eines Morgens zufällig erleben konnte. Seit zehn Tagen und Nächten hatte ich in einem Mietwagen gesessen und das Kommen und Gehen der Bären an einem städtischen Müllplatz in Nordkanada beobachtet. Meine morgendliche Beobachtungszeit begann in der Regel um 3.30 Uhr und endete gegen 10.30 Uhr, die als Aktivitätsphase der Bären ihren Tiefpunkt erreichte. Eines Morgens saß ich dort inmitten summender Fliegen bei offenem Fenster, während mein Ellbogen auf dem unteren Fensterrahmen ruhte und meine Hand in die Kante zwischen Tür und Autodach griff. Etwa 60 bis 90 m entfernt machten sich acht erwachsene Schwarzbären am Müll zu schaffen. Während ich sie völlig bewegungslos beobachtete, setzte sich eine Fliege auf meinen Finger am Autodach. Um sie zu verjagen, bewegte ich den Finger, und unverzüglich hoben alle Bären die Köpfe und blickten in meine Richtung. Sie müssen die Bewegung wahrgenommen haben.

Wie das Gerücht von der schlechten Sehkraft (vielleicht) entstand

Während ich die Bären am Müllplatz beobachtete, kam mir der Gedanke, daß das Sehfeld eine wichtige Rolle in der Beziehung der Bären untereinander und im Zusammentreffen von Bären und Menschen spielen könnte. Wenn Bären am Müllplatz sich einander näherten, vermieden sie es oft, sich direkt anzuschauen. Statt dessen richteten sie ihren Blick zur Seite und drehten manchmal sogar leicht den Kopf. Möglicherweise gilt das Anstarren unter Bären als direkte Drohgebärde. Um Konfrontationen zu vermeiden und andere Artgenossen nahe passieren zu lassen, wurde eine Art „Ignorierverhalten“ demonstriert. Erst wenn ein Bär sich zu dicht genähert hatte, blickten sich die beiden Bären in die Augen. Häufig endete das damit, daß einer, zumeist der größere Bär, den anderen vom Müllplatz verjagte.

Treffen Bären auf Menschen, so wenden nichtaggressive Bären oft ihren Blick ab in der Hoffnung, Ärger zu vermeiden. Dies mag als Anzeichen dafür mißverstanden werden, daß der Bär die betreffende Person nicht sieht. Dreht sich der Bär schließlich um und blickt die Person an, so bedeutet das, daß sie ihm zu nahe gekommen ist, besonders wenn sie ihn direkt anschaut. Normalerweise trifft der Bär die kluge Entscheidung, sich zurückzuziehen.

INTELLIGENZ DER BÄREN

Wie intelligent sind diese Tiere eigentlich? Zwar kann man die Intelligenz der Bären nicht nach menschlichen Maßstäben messen, doch ist bei ihnen eine ausgeprägte Neugier zu erkennen. Biologen gehen davon aus, daß diese Eigenschaft sich entwickelte, um die Suche nach der effektivsten Nahrung zu unterstützen. Die Neugier der Bären ist jedoch nicht auf Nahrung beschränkt. Häufig nähern sie sich jedem unbekannten Objekt in ihrer Umgebung und untersuchen es.

Der Tierlehrer Doug Seus aus Heber City in Utah dressierte Bären, Wölfe und Pumas für die Filmindustrie. Nach seinen Berichten sind Braunbären, besonders Grizzlys und Kodiakbären, am schwersten zu zähmen, jedoch am leichtesten zu trainieren. In der Regel muß er ihnen einen bestimmten Ablauf nur ein einziges Mal beibringen. Dieser Einmal-Lernprozeß ist ein weiteres Zeichen für Intelligenz.

Bären wählen zudem Rastplätze, von denen aus sie Jäger oder andere eindringende Menschen unbemerkt beobachten können. Lance Olsen, Direktor der Montana's Great Bear Foundation, weist darauf hin, daß Selbsttarnung eines Tieres auch bewußtes Denken und Selbstbewußtsein implizieren könnte. Vielen Bärenjägern ist bekannt, daß ein verfolgter Bär häufig bemüht ist, keine Spuren zu hinterlassen. Der Wildbiologe Bruce McLellan traf einmal auf eine Schwarzbärin, der es wiederholt gelang, seinen Fallen zu entgehen. Jedesmal, wenn eine Falle aufgestellt war, rollte die Bärin einen großen Stein in die Falle und löste so den Schließmechanismus aus. Danach fraß sie das Köderfleisch.

STRATEGIEN BEI DER NAHRUNGSSUCHE

Das Bestreben der im Norden beheimateten Bären, an Gewicht zuzulegen, ist gewaltig. Da sie einen Großteil des Jahres im Winterschlaf verbringen, verbleibt ihnen nur eine kurze Zeitspanne, um genügend Nahrung zum Überleben zu finden. So sind sie zumeist auf der Suche nach möglichst nährstoffreicher Kost. Pflanzen fressen sie zum Beispiel hauptsächlich dann, wenn sie viel Protein enthalten – zumeist im Vorblüten- oder Blütenstadium.

Ist Nahrung im Überfluß vorhanden, wie beispielsweise während der Lachswanderung in Alaska, werden Bären in der Wahl der Fischteile, die sie fressen, sehr anspruchsvoll. Hungrige Bären fressen zwar den ganzen Lachs, doch wird grundsätzlich der Rogen bevorzugt, der von besonderem Nährwert ist.

Der Bär lebt in einer Reihe kleinerer Areale, die ihm Nahrung bieten. Zusammen bilden diese Areale sein Revier, in dem er je nach Jahreszeit die verschiedenen Nahrungsquellen aufsucht, wobei er bestimmten Routen folgt. Zwar benutzen Bären durchaus auch unsere Straßen, doch bewegen sie sich zu 95 Prozent in der freien Landschaft, besonders in Sümpfen und Wäldern.

ORIENTIERUNGSSINN

Wenn man einen Bären aus seinem angestammten Revier entfernt, zeigt er eine außergewöhnliche Fähigkeit, nach Hause zu finden. In Michigan fand ein Schwarzbär, der per Flugzeug 251 km von seinem Revier entfernt ausgesetzt wurde, wieder zurück. 12 erwachsene Braunbären aus Alaska fanden innerhalb von 58 Tagen an den Ort ihrer Gefangennahme zurück; alle waren über 200 km weit transportiert worden.

Ein besonders bemerkenswertes Orientierungsvermögen bewies ein junger Braunbär, der nahe Cordova in Alaska im September 1973 gefangen wurde. Dieser Bär war mit einem Boot auf die 93 km entfernte Insel Montague Island im Prince-William-Sund gebracht worden. 28 Tage später wurde derselbe Bär 100 m vom Ort seiner Gefangennahme entfernt getötet. Bei seiner Rückwanderung muß er einige Teilstücke schwimmend zurückgelegt haben – 11,3 km zur Insel Hinchinbrook, 1 km zur Insel Hawkins und 2,8 km zum Festland –, und das gegen starken Tidengang und im eisigen Wasser des Prince-William-Sund! Solche Vorfälle brachten Wissenschaftler zu der Einsicht, daß die Umsiedlung plündernder Braunbären eine wenig verläßliche Lösung darstellt.

ÜBERWINTERUNG

Der Winterschlaf der Bären zeigt die Anpassung an nördliche Regionen, in denen sonst ein Überleben kaum möglich wäre. Aus bislang ungeklärten Gründen kommt es bei solchen Tierarten, die Winterschlaf halten, vor, daß einzelne Individuen den Winter über aktiv bleiben, auch wenn keine Nahrung verfügbar ist. Normalerweise aber wird das Problem des Nahrungsmangels, der durch hohe Schneelage eingeschränkten Bewegungsmöglichkeit und des erhöhten Energiebedarfs für die Aufrechterhaltung der Körperwärme durch den Winterschlaf gelöst.

Bären nördlicher Regionen benutzen zumeist niedrige Höhlen, hohle Bäume oder den Schutz einer Gebüschreihe als Überwinterungsplatz, gelegentlich wird auch eine Vertiefung in den Boden gegraben. Die Höhle wird häufig mit einem Isolierpolster aus trockenem Gras und Blättern versehen. Auch wenn der Beginn des Winterschlafs in der Regel mit dem Einsetzen rauher Witterung zusammenfällt, wird er dennoch in erster Linie durch den Mangel an nährstoffreicher Nahrung bestimmt. Man hat festgestellt, daß Bären im Spätsommer täglich bis zu 20 000 Kalorien zu sich nehmen, um genügend Fettreserven für den Winter anzulegen. Auf den Menschen übertragen, entspricht diese Menge etwa 38 Portionen Bananeneis oder 42 Hamburgern pro Tag. In Zoos gehaltene Bären, die den Winter über regelmäßig gefüttert werden, bleiben meist aktiv.

Einige Bärenarten fressen in den letzten Tagen vor dem Winterschlaf bestimmte unverdauliche Pflanzenteile – harzige Pflanzen oder Fasern –, die im Enddarm eine feste Masse bilden und den Darmausgang blockieren. Die Funktion dieses Stopfens ist noch weitgehend ungeklärt. Unter Biologen gibt es unterschiedliche Auffassungen darüber, ob Bären echten Winterschlaf halten oder nicht, was vielleicht eher eine Frage der Definition ist. Viele kleine Säugetiere, wie Streifenhörnchen und Murmeltiere, verfallen in tiefen Schlaf, aus dem sie nur schwer zu wecken sind. Während dieser Zeit sinkt ihre Körpertemperatur beträchtlich unter den Normalwert. Die Körpertemperatur des Bären sinkt dagegen nicht mehr als 5 °C unter die normale von 31 °C bis 37,4 °C. Bären wachen leicht auf, können jedoch, sofern sie nicht gestört werden, bis zu vier Wochen schlafen, ohne ihre Haltung zu verändern.

Ein Braunbär vor seiner Höhle. Mit Hilfe des Winterschlafs überstehen Bären in den nördlichen Regionen der Erde die langen Zeiten des Nahrungsmangels.

Bären können, je nach Klima, in ihren Höhlen zwischen zweieinhalb und sieben Monate bleiben, ohne zu fressen, Wasser zu trinken, zu urinieren und zu koten. Kleinere Säugetiere müssen dagegen in regelmäßigen Abständen Nahrung zu sich nehmen und ihren Darm entleeren. Bären halten diese erstaunliche Fastenzeit aufgrund ihres einzigartigen Stoffwechselsystems durch. Während des Winterschlafs bleibt der Wassergehalt ihres Blutes konstant. Geringe Verluste werden durch den Abbau von Fettreserven ausgeglichen. Die kleine Menge Harnstoff, die stetig entsteht, wird durch ein raffiniertes System abgebaut, so daß Stickstoff wiederverwendet und eine Harnvergiftung verhütet wird.

Während des Winterschlafs verbrennt ein Bär etwa 4000 Kalorien am Tag. Obwohl sein Herzschlag von 40 bis 50 Schlägen pro Minute in der Aktivitätszeit auf etwa acht Schläge während des Winterschlafs gesenkt wird, reduziert sich sein Sauerstoffverbrauch nur um etwa 50 Prozent. Bären nutzen auch das sogenannte Kältezittern, um Körperwärme zu erzeugen.

Nachdem die Bären im Frühjahr ihre Winterquartiere verlassen haben, kann es Wochen dauern, bis sie ihre normalen Freßgewohnheiten wieder aufnehmen. Offensichtlich kann der winterliche Stoffwechsel nach Beginn der Aktivitätsphase noch einige Zeit fortdauern.

Tagesruhestätten

Manchmal legen Bären im Frühjahr und Sommer spezielle Ruhestätten an. Meist handelt es sich um niedergetretene Plätze in Büschen oder um flach in die Erde gegrabene Mulden. Häufig befinden sie sich in der Nähe von Nahrungsquellen und dienen wahrscheinlich als Ruheplatz beim Verdauen schwerer Mahlzeiten. Manchmal sind sie versteckt auf Hügeln oder in Baumgruppen angelegt, die eine ausreichende Sichtkontrolle des Gebietes ermöglichen.

FORTPFLANZUNG

Bären paaren sich wie Hunde. Während der Bär die Bärin von hinten besteigt, hält er häufig ihren Leib mit seinen Vorderbeinen umschlungen. Je nach Art und Individuum dauert die Kopulation zwischen einer und 20 Minuten.

Bei den nördlichen Bärenarten werden die Jungen im Winter geworfen. Bären, die in südlicheren Breitengraden leben und die keinen Winterschlaf halten, können zu jeder Jahreszeit Junge gebären. Wenn die Kopulation im Spätfrühjahr oder Frühsommer stattgefunden hat, verhindert der besondere Mechanismus der verzögerten Eieinnistung, daß sich das befruchtete Ei vor Oktober oder November im Uterus festsetzt. Das Keimbläschen, ein winziges hohles Zellengebilde, das aus dem befruchteten Ei entsteht, schwimmt bis zu fünf Monaten frei im Uterus. In dieser Zeit ist die Embryonalentwicklung gestoppt.

Während des Winterschlafs finden Tragzeit und erste Säugephase statt; in dieser Zeit nimmt die Bärin keine Nahrung auf. Ist die Bärin in schlechter körperlicher Verfassung oder hat sie zuvor keine ausreichende Nahrung gefunden, wird sich das befruchtete Ei nicht einnisten. Dies bewahrt die Bärin vor zusätzlicher, möglicherweise lebensgefährlicher Anstrengung. Einige andere Tierarten wie Nerz, Fledermäuse, Gürteltier, Känguruhs und Rehe haben eine ähnliche Strategie der verzögerten Eieinnistung entwickelt.

Vorausgesetzt, eine gedeckte Bärin ist gesund und besitzt ausreichende Fettreserven, so nistet sich das kleine Keimbläschen für die kurze Tragzeit von sechs bis acht Wochen im Uterus ein. Aufgrund der kurzen Tragzeit sind die Jungen bei ihrer Geburt außergewöhnlich klein und wiegen nur 280 g. Das Verhältnis des Körpergewichts von Jungem und Bärenmutter liegt bei 1:720, beim Menschen beträgt es dagegen etwa 1:20.

Nach der Geburt sind die Bärenjungen zunächst blind und sehen trotz ihrer feinen Behaarung wie nackt aus. Während der Säugezeit werden sie von ihrer Mutter warmgehalten. Bis sie alt genug sind, ihr hinaus ins Freie zu fol-

Braunbären paaren sich wie Hunde. Während der kurzen Paarungszeit findet die Kopulation zuweilen mehrmals am Tag statt.

Durch die verzögerte Eieinnistung wird sichergestellt, daß die Jungen ihre ersten Lebenswochen im Schutz der Winterhöhle verbringen.

gen, können sie längst sehen und besitzen ein dickes, warmes Fell. In der Regel trägt die Bärin die alleinige Verantwortung für die Aufzucht der Jungen. Sie ist eine hingebungsvolle Mutter und stets zum Kampf bereit, sobald sie ihre Jungen in Gefahr wähnt. Häufig stellen die männlichen Bären für die Jungen die größte Bedrohung dar. In einigen Gegenden werden nahezu 40 Prozent der Jungen von anderen Bären getötet. Auf lange Sicht gesehen verhindert das Töten von Jungbären eine Überpopulation und trägt damit zur Erhaltung eines gesunden Bestandes bei.

In den ersten Monaten muß der kleine Braunbär nahe bei der Mutter bleiben. Gefahren drohen vor allem von erwachsenen männlichen Bären.

SOZIALVERHALTEN

Lange Zeit wurden ausgewachsene Bären als Einzelgänger angesehen, die, mit Ausnahme der Paarungszeit, ihr Leben allein verbringen. Langsam ändert sich dieses Bild. Die grundlegende soziale Einheit des Bären ist die Familie. Jungbären verbringen die ersten zwei oder drei Jahre ihres Lebens in Gesellschaft ihrer Mutter und mit ein oder zwei Geschwistern. Da Bären normalerweise alle zwei bis drei Jahre werfen, verbringen sie die meiste Zeit ihres Lebens zusammen mit Artgenossen. Auch nach der Trennung von der Mutter können die Geschwister noch einige Jahre gemeinsam umherstreifen und nach Nahrung suchen.

Die Alttiere kommen während der Paarungszeit für zwei oder drei Wochen im Jahr zusammen. Auch fressen sie, in gehörigem Knurrabstand voneinander, gemeinsam an Plätzen mit reichem Nahrungsangebot, wie großen Kadavern, fischreichen Flüssen oder Müllplätzen. In jedem Herbst kommt es an der Nordküste der Hudsonbai zu größeren Ansammlungen von Eisbären, die auf die Eisbildung warten.

Links: Bald wird dieser halbwüchsige Jungbär von der Mutter entwöhnt werden und auf sich selbst gestellt sein.

Dominanz und Hierarchie

Im allgemeinen sind Bären recht scheue Tiere, die jede Auseinandersetzung meiden. Wenn zwei Bären aufeinander treffen, verhindert eine bestimmte Hierarchie ernsthafte Kämpfe, die schwere Verletzungen oder den Tod nach sich ziehen könnten. In kurzen Kämpfen oder mit ritualisierten Drohgebärden messen die stärksten Bären ihre Kraft und bestimmen so die Rangordnung. Narben bei alten Bären zeigen, daß es durchaus auch zu ernsten Kämpfen kommt. Die Dominanz wird zumeist durch Körpergröße und Geschlecht bestimmt; die Männchen dominieren die Weibchen, mit Ausnahme der Weibchen, die Junge haben. Häufig unterwerfen sich Bären einem jungeführenden Weibchen, da sie wissen, daß sie ihre Jungen auf Tod und Leben verteidigen wird. Aggressionen werden durch Anstarren und lautes Knurren signalisiert, auch durch das Schwenken der offenen Schnauze nahe dem Kopf eines Bären, der die Toleranzgrenze überschritten hat und zu nahe herangekommen ist. Sitzen oder Weglaufen sind Gesten der Unterwerfung. Allgemein gilt: Je größer der Bär, desto größer der Abstand, den seine Artgenossen halten.

Ich habe anfänglich schon erwähnt, daß ich einmal zehn Tage in einem

Rangelei um Jagdrechte. Beim symbolisch ausgetragenen Kampf wird die Rangfolge entschieden.

Mietwagen verbrachte, um Schwarzbären an einem städtischen Müllplatz zu studieren. Die Rangordnung jener Bären war schon nach wenigen Tagen erkennbar. Ohne ihr Wissen wurden Menschen, die den Müllplatz aufsuchten, in die hierarchische Ordnung eingebunden. Die größten Bären fraßen am Müllplatz zu den begehrtesten Zeiten, am späten Abend und frühen Morgen, wenn der Verkehr aufgehört bzw. noch nicht begonnen hatte. Halbwüchsige Bären und Bärenmütter mit Jungen suchten spätmorgens und frühabends nach Nahrung, wenn nur wenige Menschen zum Platz kamen. Zwei halbwüchsige, offensichtlich verwaiste Tiere besuchten den Müllplatz mittags, wenn die Bulldozer neue Ladungen einschoben. Es war die einzige Tageszeit, an der sich keine anderen Bären dort aufhielten. Hier fanden die Jungen in der Nähe des Menschen Schutz, dessen Aktivitäten die größeren und potentiell gefährlichen Bären vom Platz fernhielten. Offensichtlich schienen die Menschen für halbwüchsige und weibliche Bären mit Jungen weniger bedrohlich zu sein als dominante männliche Bären. Vermutlich reagieren Bären auf Menschen in ähnlicher Weise wie auf einen leicht dominanten Artgenossen. Jungbären geraten bei der Anwesenheit von Menschen häufiger in Rangstreitigkeiten als ältere Bären. Dies mag daran liegen, daß diese Jüngeren ihren Platz in der Hierarchie erst noch etablieren müssen.

NORDAMERIKAS SCHWARZBÄREN:

Amerikas häufigste Bärenart

Der amerikanische Schwarzbär ist die am weitesten verbreitete und häufigste Bärenart Nordamerikas. Er bewohnt einen Großteil der bewaldeten Regionen im Norden des Kontinents, von der Baumgrenze der Arktis nach Süden über weite Teile der Vereinigten Staaten und die bewaldeten Berge der Sierra Madre bis Mexiko. Von Osten nach Westen reicht sein Verbreitungsgebiet von Neufundland bis zu den Queen Charlotte Islands von British Columbia.

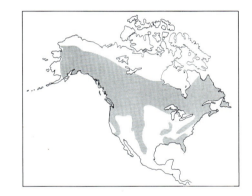

BEVORZUGTER LEBENSRAUM UND RELATIVE HÄUFIGKEIT

In allen Verbreitungsgebieten bevorzugt der Schwarzbär Wälder, die mit offenen Flächen durchsetzt sind und beerentragende Büsche und andere Nahrungsquellen bieten. Am häufigsten kommt er in den gemischten Laubwäldern des Ostens und in den weiten Nadelwäldern am Rande der nordwestlichen Pazifikküste vor. Am seltensten ist er in den Great Plains anzutreffen. Die genaue Zahl der heute lebenden Schwarzbären läßt sich nur schwer ermitteln. Nach einer der gründlichsten Schätzungen beträgt die Population aller Schwarzbären Nordamerikas zwischen 400 000 und 750 000 Tiere. Da diese Schätzungen von Wissenschaftlern vorgenommen wurden, sind diese Zahlen eher zurückhaltend und vermutlich Minimalangaben.

VERWIRRENDE FARBEN UND NAMEN

Den ersten Siedlern, die den Osten Nordamerikas eroberten, schien der Name „Schwarzbär" naheliegend. So gut wie alle Bären dieser Region besitzen sie ein schwarzes Fell, braune Augen und eine braune Schnauze. Doch als der

Links: Der anpassungsfähige Schwarzbär ist die am weitesten verbreitete Bärenart Nordamerikas. Die Färbung seines Fells variiert stark und reicht von cremefarben über rotbraun bis schwarz.

Vorhergehende Seite: Mischwälder, durchsetzt mit Lichtungen, sind der bevorzugte Lebensraum des Schwarzbären. (Foto: Mel Douglas)

Die meisten Schwarzbären westlich des Mississippi sind, wie dieser Jungbär, rotbraun gefärbt. Früher wurden sie „Zimtbären" genannt.

weiße Mann weiter nach Westen vordrang, entdeckte er Bären, die genau wie Schwarzbären aussahen, jedoch ein rostbraunes Fell besaßen. Diese Bären wurden „Zimtbären" genannt und lange Zeit für eine andere Art gehalten. Schließlich kam man zu der Erkenntnis, daß es sich lediglich um eine Farbvariante des Schwarzbären handelte. Nicht selten findet man in ein und demselben Wurf neben schwarzen auch zimtfarbene Junge.

Die Farbvarianten des Schwarzbären reichen von schwarz über zimtfarben, beige, weiß bis sogar blau. Um die Jahrhundertwende, als man auf immer neue Farbschläge stieß, dachte man, jeweils eine neue Bärenart entdeckt zu haben. Typisch ist der Fall des Gletscherbären. Diesen blaufarbenen Bären fand man nur in einem begrenzten Gebiet der Gletscherberge der Saint Elias Bergkette im Südosten Alaskas. Seine Färbung deckt sich auf verblüffende Weise mit der Welt aus Eis, die er bewohnt und in der er nur schwer auszumachen ist. Einige Felle, die Jäger aus dieser Region mitbrachten, überzeugten die Naturforscher davon, eine neue Bärenart vor sich zu haben. Erst viele Jahre später, nachdem lebende Tiere untersucht worden waren, wurde der blaue Bär lediglich als eine weitere Spielart des allgegenwärtigen Schwarzbären eingeordnet.

Nach Angaben von Gary Vequist, Geschäftsführer des Glacier Bay National Park, ist der blaue „Gletscherbär" heute sehr selten geworden. Allem Anschein nach haben sich die Tiere mit Artgenossen anderer Farbvarianten gepaart, wodurch ihrer Nachkommenschaft der bläuliche Farbton des Fells verlorenging.

Der weiße Schwarzbär

Rechts: Fast geisterhaft wirkt dieser „Gletscherbär", eine seltene Farbvariante des Schwarzbären, der sein Revier an der Nordwestküste Kanadas von einem hohen Baum aus überwacht.

1905 canad. Zoologe
Francis Kermode
Urs. americanus U.A.
Kermodei

Die wohl drastischste Farbvariante des Schwarzbären ist der „Silberbär". Dieser wunderschön cremefarbige Bär kommt nur in drei kleinen, isolierten Gebieten an der Küste von British Columbia vor. Auf so manchen Betrachter wirken sie wie Eisbären, die man aus ihrem arktischen Lebensraum herausgeflogen und in den dichten Wäldern dieser Region einfach ausgesetzt hat.

Neben der weißen Variante kommen auch rotbraune, hellgelbe, blaugraue oder gar orangefarbene Tiere vor. Ihre durchweg braunen Augen schließen die Möglichkeit aus, daß es sich um albinotische Bären handelt.

Der Silberbär wurde erstmals 1905 von Dr. William Hornaday vom New Yorker Zoo beschrieben. Hornaday betrachtete ihn als eigene Art und benannte ihn nach seinem kanadischen Kollegen Francis Kermode *Ursus kermodei* (engl.: *Kermode bear*), in Anerkennung der Anstrengungen, die jener gemacht hat, um Exemplare dieses Bären und Informationen über ihn zu beschaffen. 1928 kam man zu dem Schluß, daß es sich nur um eine geographische Unterart des Schwarzbären handelt. Heute ist in Kanada die Jagd auf diese wunderschönen Bären strengstens verboten.

Sollte man den „Schwarzbären" umbenennen?

Da so viele Farbschläge des amerikanischen Schwarzbären herumlaufen, wäre es vielleicht hilfreich, ihn umzubenennen. Der lateinische Name *Ursus americanus* bedeutet „Amerikanischer Bär", und welcher andere Name wäre, da diese Bärenart nur in Nordamerika verbreitet ist, naheliegender als dieser? Vielleicht wird dieser Vorschlag irgendwann einmal berücksichtigt.

Farbvariante als Überlebenshilfe

Die Bedeutung der Farbschläge des Schwarzbären ist bislang nur wenig untersucht worden. Studien am „Zimtbären" führten allerdings zu einigen überraschenden Ergebnissen. „Die braune Farbvariante des Schwarzbären scheint hauptsächlich in einem großen Gebiet vorzukommen, das sich bogenförmig von etwa Nordkalifornien bis nach Zentralmanitoba erstreckt", erklärt Dr. Charles Jonkel, Bärenspezialist von der University of Montana. „Innerhalb dieser Population sind etwa 40 bis 60 Prozent des Schwarzbären (je nach Region) braun."

Dr. Jonkel untersuchte, inwieweit die Bären die Südhänge eines Teils der Rocky Mountains von Montana nutzen. In vielen Regionen gibt es an den Südhängen Lichtungen, sogenannte „balds", die den Bären im Frühjahr, nachdem sie aus dem Winterschlaf erwacht sind, wichtige Nahrungsquellen bieten. An diesen Hängen schmilzt die Schneedecke in der Regel zuerst, wodurch das frühe Wachstum der ersten Pflanzen in der warmen Frühlingssonne ermöglicht wird. Die Bären wissen das und kommen zur Nahrungssuche hierher.

„Schon im Mai kann es an diesen Südhängen um die Mittagszeit höllisch heiß werden", erklärt Dr. Jonkel weiter. „Ich habe herausgefunden, daß die braunen und insgesamt heller gefärbten Bären es an diesen Hängen länger aushielten als die schwarzen." Dr. Jonkel geht davon aus, daß die braune Bärenpopulation der Region durch ihre Fähigkeit, sich länger an diesen Südhängen aufhalten und dort fressen zu können, gefördert wird.

In den kühlen und feuchten Wäldern der Halbinsel Olympic im Bundesstaat Washington stellt sich das Problem einer Überhitzung im Frühjahr nicht. In dieser Region hat die gesamte Population der Bären ein ganz schwarzes Fell. Doch schon in 160 km Entfernung, in den nahegelegenen, trockeneren Cascade Mountains, sind nahezu 60 Prozent der Bären braun.

Dr. Jonkel vermutet, daß hier aus irgendwelchen Gründen ein sehr strenger Selektionsprozeß der braunen Farbtypen stattgefunden hat.

FRESSGEWOHNHEITEN

Von seiner Färbung einmal abgesehen, ist der amerikanische Schwarzbär ein vierbeiniger Allesfresser und Abfallverwerter. Im Wald kommt für ihn so gut wie alles als Nahrung in Frage. Im Laufe des Tages frißt er Beeren, Aas, ans Seeufer angeschwemmte Fische, Ameisen und andere Insekten, Eicheln und Bucheckern, Vogelkirschen, Honig, den er besonders mag, Gräser und Kräuter – praktisch alles, was genießbar ist. Untersuchungen haben jedoch ergeben, daß er sich hauptsächlich von Pflanzen ernährt, während der Anteil tierischer Nahrung weniger als 25 Prozent ausmacht.

Je nach Ort und Jahreszeit variiert die Nahrung erheblich. Die Schwarzbären an der Westküste ernähren sich vorwiegend von Beeren, Fisch und im Meer lebenden wirbellosen Tieren, die sie entlang der Strände und in Salzlachen finden. In Alaska erbeuten Schwarzbären Elchkälber und fangen Lachse, in Nordkanada fressen sie Lemminge.

Auf der Nahrungssuche geraten Schwarzbären häufig in Konflikt mit dem Menschen. Als einzige Bärenart Nordamerikas hat sich der hochintelligente und recht scheue Schwarzbär an die Zivilisation angepaßt. Für ihn bedeuten Menschen und ihr Hab und Gut nur das eine – nämlich Futter. Hütten, Zelte, Vorratslager, Abfalltonnen und städtische Müllhalden werden häufig von Schwarzbären durchwühlt, die hier bequem Futter finden. Es ist erstaunlich, wieviel Schaden ein hungriger Bär anrichten kann, der versucht, in ein Haus oder einen Wohnanhänger einzudringen. Ich habe Wände gesehen, die von Bären völlig zertrümmert wurden, da sie dahinter Nahrung gewittert hatten.

Müllhalden bieten Bären viel nährstoffreiche Nahrung. Allzu häufig werden Tiere, die ihre Nahrungssuche auf Hütten, Vorratslager, Zeltplätze und Picknicktische ausdehnen, zum Problemfall.

Schnorrerei und Überfälle in den Nationalparks

In den amerikanischen Nationalparks erbetteln viele Schwarzbären Futter von gutmeinenden, jedoch schlecht informierten Besuchern. Mit ständigen Aufklärungskampagnen versucht die Parkverwaltung, die Menschen vom

Ein Schwarzbär in Alaska beim Lachsfang.

Ein Schwarzbär auf dem Campingplatz, hier im Great Smokies National Park, gibt sich mit Almosen nicht zufrieden – wenn möglich, räumt er den ganzen Tisch ab.

Füttern der Bären abzuhalten. Im Great Smokies National Park kommt es durch bettelnde Bären täglich zu gefährlichen Verkehrsstaus. Manche Tiere bemühen sich in durchaus aggressiver Weise um die Lebensmittel der Touristen. Meistens sind Picknicktische und Eisstände das Ziel, doch einige Bären haben sich darauf spezialisiert, in geparkte Autos einzudringen, die Freßbares enthalten. Auf den Eigentümer des Wagens wartet eine böse Überraschung, wenn er nach seinem Ausflug ein aufgebrochenes Fenster oder die gewaltsam aus den Angeln gerissene Wagentür vorfindet.

Ein Ranger des Yosemite National Park in Kalifornien erzählte mir von einem besonders raffinierten Bären, der sich auf Volkswagen spezialisiert hatte. Offensichtlich hatte der Bär herausgefunden, daß Volkswagen mit verschlossenen Türen und Fenstern besonders luftdicht sind. Der Bär pflegte auf das Dach zu klettern und dieses durch mehrmaliges Auf- und Abhüpfen einzubeulen. Beim Eindrücken des Daches sprangen die Türen durch den entstehenden Luftdruck auf – und das Mahl konnte beginnen! Diese Methode erwies sich als so erfolgreich, daß der Bär nahezu jeden verfügbaren unbewachten Volkswagen aufbrach.

KÖRPERLICHE MERKMALE

Der Schwarzbär ist die kleinste Bärenart Nordamerikas. Im Durchschnitt erreichen Alttiere auf allen Vieren stehend eine Höhe von 89 bis 102 cm und eine Länge von 137 bis 182 cm, einschließlich des etwa 13 cm kurzen Schwanzes. Das Gewicht variiert stark und beträgt zwischen 57 und 272 kg. Größe und Gewicht hängen vor allem vom Nahrungsangebot des Lebensraumes ab. Die Männchen sind gewöhnlich um ein Drittel größer als die Weibchen.

Übrigens wird das Körpergewicht des Bären von Menschen, die mit ihm nicht vertraut sind, weit überschätzt, wofür es zwei Gründe gibt: Schwarzbären tragen ein langes Fell und wirken rein gefühlsmäßig größer, als sie tatsächlich sind. Der einzige Bär, den man mit dem Schwarzbären verwechseln könnte, ist der Grizzly, eine Unterart des Braunbären. Ein Merkmal, das den Schwarzbären von seinem recht aggressiven Verwandten unterscheidet, ist seine gerade Rückenlinie. Grizzlys zeigen in der Regel einen deutlichen Schulterbuckel. Zudem sind sie an den Schultern häufig silbrig, im Englischen „grizzled", gefärbt, woher ihr Name stammt. Diese Färbung zeigt der Schwarzbär nur selten, besitzt dagegen auf der Brust oft einen weißen Fleck. Im hellen Sonnenlicht kann das Fell des Schwarzbären glänzen, was beim

Links: Ein Hirsch bedeutet für diesen braunen Schwarzbären in Wyoming ein reiches Mahl. (Foto: Larry Thorngren)

Wenn er eine bestimmte Haltung einnimmt, kann auch der Schwarzbär einen Schulterbuckel zeigen wie der größere Grizzly. An den kurzen, kaum sichtbaren Krallen ist er jedoch eindeutig zu erkennen.

Grizzly nie vorkommt. Manchmal sind auch die Krallen ein gutes Erkennungszeichen. Bei Schwarzbären sind sie recht kurz ausgebildet. Seien Sie also besonders vorsichtig, wenn Sie bei einem laufenden Bären die Krallen sehen können; in der Regel haben Sie dann gerade einen Grizzly vor sich.

REVIERE DES SCHWARZBÄREN

Jeder erwachsene Schwarzbär besitzt sein eigenes Territorium. Diese Gebiete können sich zwar überschneiden, doch verteidigt jeder Bär einen Kernbereich als sein Revier. Geschlechtsreife Männchen wählen einen ständigen Paarungsplatz aus, der die Territorien mehrerer Weibchen berührt.

Gewöhnlich sind die Reviere der Männchen viermal so groß wie die der Weibchen. Die Reviergrößen variieren bei Weibchen von 6,4 bis 25,9 km² und bei Männchen von 26 bis 132 km², wobei die Größe hauptsächlich vom Nahrungsangebot und der Populationsdichte abzuhängen scheint.

Die Familienbande zwischen der Bärenmutter und ihren Jungen lösen sich, sobald die Jungen etwa eineinhalb Jahre alt sind. Gewöhnlich verlassen die Halbwüchsigen dann das Gebiet, um umherzuwandern und schließlich in der weiteren Umgebung ihre eigenen Reviere zu gründen. Gelegentlich kommt es aber vor, daß die Bärenmutter ihr Revier mit einem jungen Weibchen teilt, das das Terrain im Falle ihres Todes übernimmt.

Schwarzbären wählen ihre Wanderrouten sehr sorgfältig aus. Normalerweise meiden sie offene Landschaften und bleiben in der Nähe der Waldränder. In besiedelten Regionen bevorzugen sie Flußbetten als Wanderpfade, da Wasserläufe mit dichtem Randbewuchs günstige Fluchtmöglichkeiten bieten.

Schwarzbären können kurzfristig eine Geschwindigkeit bis zu 50 km pro Stunde erreichen; sie rennen jedoch nur so schnell, wenn es unbedingt sein muß. Bei Gefahr klettern sie häufig auf Bäume, eine Fähigkeit, die sie möglicherweise entwickelt haben, um der Verfolgung durch die bodenständigeren Braunbären zu entkommen.

BÄRENBÄUME

Schwarzbären hinterlassen als sichtbare Zeichen nicht nur Fußspuren. Eines der faszinierendsten Merkmale ihrer Anwesenheit sind Kratzspuren an bestimmten Bäumen. Auch sagt man ihnen nach, daß sie sich an Bäumen den Rücken wetzen. Eine Kratzspur, die ich in den östlichen Cascade Mountains im Bundesstaat Washington untersuchte, reichte an einer Pappel bis in eine Höhe von 2,74 m.

Der Biologe Lynn Rogers hat möglicherweise den Grund für dieses Verhalten herausgefunden. Seinem Eindruck nach markieren aggressive männliche Bären Bäume, um andere Männchen zu warnen und auf diese Weise gefährliche Konflikte zu vermeiden. Untersuchungen haben ergeben, daß solche Markierungen vor und während der Paarungszeit am häufigsten auftreten. Möglicherweise fördern sie auch die Paarungsbereitschaft der im betreffenden Revier lebenden Weibchen. Dies würde auch die verstärkte Markierungsfrequenz in den Wochen vor der Paarungszeit erklären.

FORTPFLANZUNG

Die Paarung findet normalerweise im Mai und Juni statt, in nördlichen Regionen aber auch erst im Juli oder August. Weibchen werden zwischen ihrem dritten und fünften Lebensjahr geschlechtsreif, paaren sich manchmal aber erst im Alter von sieben Jahren. In Regionen, in denen Bären stark bejagt werden, können Weibchen bereits im dritten Lebensjahr Junge werfen. Die Kopulation wird wie bei Hunden vollzogen und dauert zwischen 15 und 30 Minuten. Einzelne Weibchen werden während der Paarungszeit im Abstand von zwei bis drei Wochen regelmäßig von Männchen besucht. Die meisten Besuche dauern nur wenige Stunden, in denen das Männchen die Paarungsbereitschaft des Weibchens prüft. Schwarzbären werfen normalerweise alle zwei Jahre.

Das befruchtete Ei teilt sich im Uterus mehrmals und schwimmt dort sechs Monate lang frei herum, ohne sich einzunisten und weiterzuentwickeln. Die verzögerte Einnistung findet etwa im Oktober statt. Nach einer achtwöchigen Tragzeit werden die Jungen im Januar oder Februar geboren, während die Bärin noch in der Winterhöhle liegt. Besitzt die Bärin nicht genügend Fettreserven, so findet keine Eieinnistung statt, das Zellengebilde wird zersetzt und vom Körper wieder absorbiert.

Meistens werden zwei Junge geboren, doch kommen auch Würfe mit nur einem oder gar vier Jungen vor. Die Neugeborenen wiegen zwischen 240 und 330 g, sind blind, fast nackt und völlig hilflos. Überträgt man das Gewichtsverhältnis von Bärenmutter und Jungem auf den Menschen, so würde ein menschliches Baby nur etwa 140 g wiegen.

Die Hinterbeine der Jungen sind zunächst so schwach entwickelt, daß sie sich in der Höhle nur mit Hilfe der Vorderbeine bewegen können. Erst im Alter von fünf Wochen lernen die Jungen laufen. Bis zum Frühjahr sind sie stark genug, um die Höhle zu verlassen und ihrer Mutter zu folgen.

HARTE ZEITEN FÜR KLEINE SCHWARZBÄREN

In den ersten fünf Monaten nach dem Verlassen der Höhle sind die Jungen am stärksten gefährdet. Eine Untersuchung zeigte, daß die Sterblichkeitsrate in den ersten sechzig Tagen im Freiland am höchsten liegt. Die größte Gefahr stellen große männliche Bären dar; kleine Junge werden aber auch gelegentlich von Adlern, Rotluchsen und Pumas gefressen. Die Bärinnen verlassen nach dem Verlust der Jungen häufig das Revier.

In den letzten Jahren haben Forscher erfolgreich eine Reihe verwaister junger Schwarzbären Pflegemüttern untergeschoben, die noch in der Winterhöhle lagen. Die leiblichen Mütter der unglücklichen Jungen waren entweder getötet oder aus ihrer Höhle vertrieben worden, während die Kleinen erst wenige Wochen alt waren. Bei einem dieser Experimente wurden fünf von sieben Jungen von fremden Bärinnen angenommen.

Nach dem Verlassen der Höhle muß die Bärin ihre Jungen besonders sorgfältig vor möglichen Gefahren schützen. Wenn sie sie allein lassen muß, um Nahrung zu suchen, baut sie für die Jungen zuweilen ein schützendes Nest unter einem Baum. Bei Gefahr klettern die Kleinen eilig hinauf, während die Bärin in der Nähe Wache hält. Auch beim Spielen, bei Ruhepausen oder einem Sonnenbad verbringen die Jungen viel Zeit auf den Bäumen.

Im Alter von sechs Monaten wiegen die Jungen zwischen 25 und 30 kg. Obwohl sie bereits für sich selbst sorgen können, bleiben sie meistens noch den nächsten Winter mit der Mutter zusammen. Im darauffolgenden Frühjahr werden sie häufig von der Bärin aus dem Revier vertrieben und sind von da an auf sich allein gestellt.

Im ersten Jahr ihrer Selbständigkeit sterben besonders viele Jungbären. Häufig werden sie von ausgewachsenen männlichen Artgenossen getötet; ebenso oft werden sie Opfer ihrer Unerfahrenheit, wenn sie auf Müllplätzen und in Abfalltonnen nach Nahrung suchen. Die Anwohner fühlen sich bedroht und die Jungbären werden erschossen.

Wildforscher Dennis McAllister aus Alaska mit vier kleinen Schwarzbären. Der ungewöhnlich große Wurf ist ein Zeichen dafür, daß die Bärin gesund ist und vor Anbruch des Winters ausreichend Nahrung fand. (Foto: Jack Whitman)

SCHWARZBÄREN IM WINTERSCHLAF

Bis zum Herbst haben sich die Schwarzbären ein Fettpolster zugelegt; im Spätsommer ist ihre Freßgier so groß, daß sie pro Woche bis zu 14 kg zunehmen. Dies ist ihre letzte Möglichkeit, winterfest zu werden. Kurz vor dem Winterschlaf beenden sie die Nahrungsaufnahme, ihr Magen schrumpft und verfällt in eine Art Halbstarre. In diesem Zustand ziehen sich die Bären in eine Höhle oder eine Erdvertiefung zurück, um Winterschlaf zu halten. Häufig wird der Schlafplatz mit Blättern und Zweigen ausgepolstert. In den Great Smoky Mountains sowie im Südosten der USA überwintern die meisten Bären in von Stürmen aufgebrochenen Laubbaumhöhlen. Durch Kratzen vergrößern sie den Raum und benutzen die entstehenden Holzspäne anschließend zur Polsterung.

Eine Studie, die der Biologe Michael Pelton von der University of Tennessee durchführte, zeigte, daß die geringere Körpergröße der Weibchen es ihnen ermöglicht, mit den Jungen Höhlen zu beziehen, in die plündernde Männchen nicht eindringen können. Dies fördert die Selektion kleinwüchsiger Weibchen und verstärkt den Schutz ihrer Jungen.

Die Schwarzbären im Norden Kanadas halten früher und wesentlich länger Winterschlaf als ihre südlichen Artgenossen. Nach dem ersten Frost im September suchen sie ihre Höhlen auf und befinden sich im Oktober bereits im Winterschlaf. Von der langen Fastenzeit stark abgemagert verlassen sie

Verschlafen blinzelt dieser Schwarzbär aus seiner winterlichen Baumhöhle. Wenn Bären gestört werden, brauchen sie unterschiedlich viel Zeit zum Aufwachen. (Foto: Dennis McAllister)

Ende April ihren Unterschlupf. In Idaho graben die Schwarzbären ihre Höhlen im Oktober, betreten sie Anfang November und verlassen sie erst Mitte April. Dagegen bleiben die meisten Schwarzbären in Florida und wohl auch in anderen südöstlichen Bundesstaaten, mit Ausnahme tragender Weibchen, den Winter über aktiv. Im Norden können Bären, die zur Überwinterung nicht genügend Fettreserven besitzen, ebenfalls den Winter über aktiv bleiben.

Die Körpertemperatur der Schwarzbären im Winterschlaf liegt zwischen 33 und 37,4 °C. Ihr Blut enthält mehr, jedoch kleinere rote Blutkörperchen als das Blut von Menschen oder Hunden. Hierbei handelt es sich wohl um eine Anpassung an die Bedingungen des Winterschlafs: Die Gesamtoberfläche der roten Blutkörperchen vergrößert sich, und der Austausch von Sauerstoff und Kohlendioxid wird verstärkt.

Das Frühjahr ist für Bären eine harte Zeit. In der Regel magern sie nach dem Verlassen der Höhle noch monatelang ab; nur wenn sie Glück haben, können sie ihr Gewicht zumindest halten. Sobald im Sommer reichlich Nahrung vorhanden ist, wird alle Energie darauf verwendet, unermüdlich zu fressen und wieder an Gewicht zuzulegen.

SCHUTZMASSNAHMEN

Während der Siedlerzeit wurden Schwarzbären im Osten Nordamerikas heftig bejagt und wegen ihres Fleisches, Fettes und Fells zu Tausenden abgeschossen. Riesige Waldgebiete wurden abgeholzt, um Farmland zu gewinnen. Schwarzbären wurden selten. Die Überlebenden zogen sich in die wenigen unbesiedelten Gegenden zurück. Heute liegen die Lebensräume der Schwarzbären zwischen Städten und ausgedehnten Agrarflächen inselartig verstreut. Beunruhigt über den Rückgang des Schwarzbären, begannen Naturschutzorganisationen in den vierziger Jahren, sich für das Überleben dieser Art einzusetzen.

Die Schutzbemühungen haben sich gelohnt; heute gibt es weit mehr Schwarzbären als noch vor 50 Jahren. In Pennsylvania hat sich die Population seit den siebziger Jahren verdoppelt und beträgt etwa 7000 Tiere. Im Staat New York mit etwa 20 Millionen Einwohnern leben inzwischen etwa 4100 Schwarzbären.

Die Stadtbären von New Jersey

In New Jersey war die Bärenpopulation um 1950 auf 20 Tiere zurückgegangen. 1971 wurde die Bärenjagd schließlich eingestellt, so daß bis 1986 die Population wieder auf fast 60 Tiere anstieg. Patricia McConnell, zuständig für den Schutz der Bären für das N. J. Department of Environmental Protection, beschreibt den aktuellen Stand so:

Unsere Bären haben sich an das Stadtleben gewöhnt – sie haben keine andere Wahl, da die meisten ihrer Lebensräume an Wohnhäuser grenzen. Die meisten Bewohner sind zunächst überrascht, doch tolerieren sie die Bären ... andere sind so begeistert, daß sie ärgerlicherweise anfangen, die Bären zu füttern. Einer der Bären hat sich an die Fütterung so gewöhnt, daß er oft weitere Häuser aufsucht und dort durch die Fenster starrt. Stundenlang sitzt er dort brummend herum und wartet auf Fütterung, was zu zahlreichen Anzeigen wegen eines „wildgewordenen Bären" bei der Polizei führt. Solche Zwischenfälle geschehen nur 50 km von Manhattan entfernt.

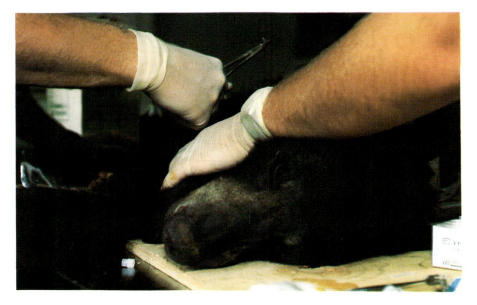

Man erzählt sich, daß Patricia McConnell jeden Bären in New Jersey persönlich kennt. Eines Tages kam einer „ihrer" Bären in die Stadt North Haledon, 80 km von New York City entfernt, und lief dort durch die Straßen und Vorgärten. Die Polizei befolgte Patricia McConnells Rat und ließ den Bären frei herumlaufen, und tatsächlich fand das Tier wieder allein aus der Stadt heraus.

Im Westen Nordamerikas hat sich der Schwarzbär in den letzten Jahren recht gut gehalten. Im Staat Washington wird die Bärenpopulation auf 30 000 bis 60 000 Tiere geschätzt. Aufgrund der hohen Zahlen kann das Fish and Game Department die Jagdquoten im Herbst großzügig festsetzen. Im Westen des Staates Washington werden Bären zusätzlich im Frühjahr gejagt, um die Bäume vor den Schäden zu schützen, die sie dort anrichten.

Mr. Flowers und die Bären, die Bäume schälen

In den waldreichen Küstenstaaten Kalifornien, Oregon, Washington und dem südlichen British Columbia ist die Bärenpopulation besonders hoch. Im allgemeinen stellen die Bären kein Problem dar, wenn das Frühjahr nicht wäre. Vor allem in den Monaten Mai und Juni verlangt es die Bären nach dem saftigen Pflanzengewebe, dem Kambium, wertvoller Baumarten wie der Douglas-Tanne. Um an diesen Leckerbissen heranzukommen, schälen die Bären die Rinde ab, wodurch die Bäume absterben. Für die Holzindustrie ist das ein ernsthaftes Problem. Im Laufe der Jahre haben die Bären einen Schaden von mehreren Millionen Dollar angerichtet. Ein hungriger Bär kann in einer Nacht 50 Bäume schälen; das entspricht einem Verlust von 20 000 Dollar. In manchen Regionen wurde die Hälfte des Baumbestandes zerstört.

Das Problem wurde 1940 offenkundig und wuchs seitdem ständig, bis die Holzindustrie entschied, daß gehandelt werden mußte. So heuerte die Washington Forest Protection Association (WFPA), ein Zusammenschluß der Holzwirtschaft, sieben Bärenjäger an, die uneingeschränkt Jagd auf die Bären machen sollten. Allein auf der Halbinsel Olympic im Bundesstaat Washington erlegten zwei Jäger in einem einzigen Areal fast 300 Bären pro Sommer. Einer der Bärenjäger namens Ralph Flowers aus Aberdeen, Washington, erklärt, was geschah:

Auch in den sechziger Jahren wurden die Bären geschossen, doch wir stellten ein Untersuchungsprogramm auf, um herauszufinden, warum die Tiere die

Ralph Flowers beim Abwiegen des Ersatz-futters. Seine Versuche sollen dazu beitra-gen, die im Frühjahr durch Schwarzbären verursachten Baumschäden einzudämmen.

Das von Ralph Flowers entwickelte Ersatz-futter wurde von den hungrigen Bären an-genommen. In dem für diese Untersuchung ausgewählten Gebiet sind die Baumschä-den erheblich zurückgegangen.

Ein geschälter Nadelbaum auf der Halb-insel Olympic im Bundesstaat Washington. In dieser Region gehen der Forstwirtschaft jährlich Hunderte von Bäumen durch die von Bären verursachten Schäden verloren.

Bäume schälen und wie das Problem außer durch Abschuß zu lösen sei. *Nach drei Jahren* und *Ausgaben von einer Viertelmillion Dollar* hatten wir entdeckt, *daß Kambium eine Art Ausweichnahrung im Frühjahr* darstellt, doch wußten wir immer noch nicht, wie wir die Bären vom Bäumeschälen abhalten sollten.

Alle Anstrengungen des Washington Fish and Game Department, eine Lösung zu finden, schlugen fehl, und so wurden die Untersuchungen abge-brochen. Die WFPA engagierte weiterhin Ralph Flowers und andere Jäger, um die Problembären auszuschalten – und das konnten sie gut. Inzwischen, so schätzt man, leben nur noch etwa 20 Prozent des ehemaligen Bestandes in den kontrollierten Gebieten. Doch das eigentliche Problem konnten die Jä-ger nicht lösen. Noch immer schälen die verbleibenden Bären im Frühjahr die Bäume.

Über 38 Jahre lang lebte Ralph Flowers von der Bärenjagd. Seine Ab-schußzahl von über 1125 getöteten Bären wird wohl von keinem anderen Menschen übertroffen. Narben zeugen von einigen hautnahen Begegnungen mit den Tieren. Das graue Haar verdeckt die Spur von Nadelstichen, mit de-nen seine von einem Bären aufgerissene Kopfhaut wieder zusammengenäht wurde. Sein linker Arm und seine rechte Hand sind von knotigen Narben ver-unstaltet, die spitze Bärenzähne hinterließen. Sein Zeigefinger ist steif ge-blieben.

Ralph Flowers arbeitet noch immer für die WFPA, doch er ist nicht mehr mit dem Herzen dabei, wenn er auf die Bärenjagd geht. So absurd es auch klingen mag, möglicherweise wird er unerwartet zum Wohltäter der Tiere, die er so lange bejagt hat. Zur Zeit führt er ein Experiment durch, das das Bä-renschlachten vielleicht beenden kann.

„Den größten Schaden richten die Bären während der ersten vier oder fünf Wochen nach dem Winterschlaf an", berichtet Flowers. „Dann sind die Bären am hungrigsten und finden am wenigsten Nahrung. Daher fragte ich mich, was wohl geschähe, wenn ich sie in dieser Zeit füttern würde."

Ralph Flowers braute einen kostengünstigen Futterersatz aus Fruchtfleisch und anderen Zutaten zusammen und überzeugte eine Holzfirma davon, diese Methode einmal auszuprobieren. 1985 installierte er Futterplätze in einem 200 km² großen Testgebiet in der Nähe beschädigter Bäume. Die Kosten für das Futter beliefen sich während dieses ersten Versuchs auf weniger als 50 Dollar pro Bär. Nach Flowers Angaben kostet das Jagen und Abschießen eines jeden die Bäume schädigenden Bären bislang 600 Dollar.

Das Washington State Department of Fish and Game würdigte öffentlich den Gedanken von Ralph Flowers und beauftragte ihn damit, seine Futterstationen in einem wesentlich größeren Waldgebiet zu testen, womit er 1986 begann. Sollten seine Anstrengungen zum Erfolg führen, wird man die professionelle Bärenjagd und die Jagd im Frühjahr einstellen. Flowers berichtet:

Die Futterplätze brachten einen Rückgang der Baumschäden ... um fast 100 Prozent. Ich denke, daß diese Verbesserung auf zwei Faktoren zurückzuführen ist. Zunächst einmal kamen die Bären, die 1985 mit dem Ersatzfutter vertraut gemacht wurden, an die Futterplätze zurück ... der zweite Faktor ... war die überwältigende Akzeptanz des Ersatzfutters, die zum Anstieg des Konsums um ein Vielfaches führte. ... Die Hoffnung liegt darin, daß immer mehr weibliche Bären ihren Nachwuchs im Mai und Juni an das Futter heranführen, und daß dementsprechend immer weniger Jungbären das Schälen der Bäume erlernen.

Aufmerksam schnüffelnd prüft der Schwarzbär, ob Freßbares in der Nähe ist. Auf seinen Wanderungen entlang der Flüsse frißt er auch tot angeschwemmte Fische, Beeren und Gräser.

BRAUNBÄREN:

Die Herren der Berge

Von allen Bärenarten besitzt der Braunbär *Ursus arctos* das größte Verbreitungsgebiet. Es erstreckt sich auf der nördlichen Halbkugel von den arktischen Küstenregionen Nordamerikas, Europas und Asiens nach Süden über die Tundrenzonen der Berglandschaften, die nördlichen Wälder Kanadas und der Sowjetunion bis nach Mexiko, Spanien und in den Iran. Die südliche Verbreitungsgrenze ist durch vereinzelte und weit verstreute Populationen gekennzeichnet. Obwohl der Braunbär sehr verschiedenartige Lebensräume besiedelt, bevorzugt er doch Regionen, die mit Flußtälern, Bergwäldern und offenen Wiesen durchzogen sind.

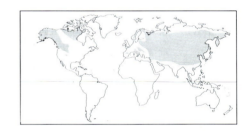

DER KÖRPERBAU DES BRAUNBÄREN

Mit seinem dicken Fettpolster und den Muskelsträngen, die sich über die Schultern ziehen, wirkt der Braunbär stämmig und recht plump. Er besitzt sehr lange Krallen und einen breiten, massigen Kopf mit einem äußerst kräftigen Kiefer. Einmal konnte ich beobachten, wie ein großer männlicher Braunbär, der in eine von Forschern ausgelegte Schlingenfalle geraten war, seine Wut an den benachbarten Bäumen austobte. Mit einem einzigen Biß durchtrennte er eine 10 cm dicke Kiefer.

EIN BÄR MIT ZU VIELEN NAMEN

Das Fell des Braunbären ist zottig und sehr unterschiedlich gefärbt – schwarz, zimtfarben, rot, gelblich. Die Größe des Tieres und seine Färbung sind tatsächlich so variationsreich, daß die Naturforscher des späten 19. Jahrhunderts in Verwirrung gerieten. Viele der damaligen Biologen hielten jede Variation für eine eigene Art, so daß die Liste der Bärenarten immer länger wurde und jede Bergregion ihren eigenen Bär zu besitzen schien.

Links: Ein Braunbär versucht sich im Lachsfang an den Stromschnellen von Brooks Falls in Alaska. Zur Zeit der Lachswanderung ernähren diese Bären sich fast ausschließlich von Fisch.

So beschrieb zum Beispiel der Bärenforscher Dr. C. Hart Merriam 1918 nicht weniger als 86 Arten und Unterarten des Braunbären in Nordamerika, darunter ein Drittel allein in Alaska. Merriam lebte im Zeitalter der „Aufsplittung", als neue Arten noch aufgrund von kleineren Unterschieden in Schädelform, Größe, Färbung etc. beschrieben wurden. Auf wie viele Arten wäre es bei dieser Betrachtungsweise wohl beim Menschen gekommen? Heute werden die vielen Variationen des Braunbären nur noch als eine Art – *Ursus arctos* – betrachtet, und nur die Anzahl der neun oder zehn Unterarten ist noch strittig. Einige Biologen stellen den anpassungsfähigen Braunbären, was seine Intelligenz betrifft, auf eine Stufe mit Menschenaffen und Pavianen. Viele Fertigkeiten erlernen die Bärenjungen von der Mutter.

Hinter der schwerfälligen, plumpen Gestalt des Braunbären verbirgt sich eine bemerkenswerte Gewandtheit, die ihn bei der Jagd auf Lachse mit einer Geschwindigkeit von nahezu 56 Stundenkilometern sprinten läßt. Er besitzt ein gutes Hör- und Sehvermögen, das dem des Menschen ähnelt, und einen Geruchssinn, der dem eines Bluthundes gleichkommt.

Typisch für den Braunbären sind der kräftige Kiefer und die langen Krallen.

*Diesen zerfetzten Baumstumpf hinterließ
ein wütender Braunbär, der in eine Schlingenfalle geraten war.*

*Die linke Vordertatze des Grizzlys hängt in
der Schlinge. Brüllend bringt er seine Wut
zum Ausdruck.*

NAHRUNGSSTRATEGIEN DES BRAUNBÄREN

Braunbären fressen praktisch alles, was verdaulich ist. Um ihren großen Körper mit Energie zu versorgen, müssen sie viele Kalorien zu sich nehmen –
während der aktiven Zeit bis zu 41 kg Futter pro Tag. Bei dieser Nahrungs-
menge können sie 1,25 bis 2,75 kg Fett innerhalb von 24 Stunden zulegen,
was auch notwendig ist, da die Sommer kurz und die Winter sehr lang sind.

Obwohl sie überwiegend Pflanzenfresser sind, nehmen sie aufgrund des
größeren Nährwertes viel tierische Nahrung zu sich. In jeder Jahreszeit suchen die Bären stets die nährstoffreichste verfügbare Nahrung aus. In Alaska
habe ich Braunbären beobachtet, die auf den Schlammbänken vor der Küste
gelassen Seggen *(Carex spec.)* abgrasten. Von weitem hätte man sie leicht für
Rinder halten können. Chemische Analysen dieser Seggen ergaben, daß ihr
Proteingehalt von Ende Juni bis Anfang Juli, also in der Zeit kurz vor der großen Lachswanderung, mehr als 25 Prozent beträgt.

Diese riesigen, sich flußaufwärts kämpfenden Schwärme der Lachse
bieten nicht nur Bären, sondern auch zahlreichen kleineren Tieren, die die

Das Ende dieses Lachses, der sich zu den Laichplätzen flußaufwärts kämpft, ist absehbar.

Überreste verzehren, eine beispiellose Gelegenheit, ihren Hunger zu stillen. Möwen warten hier ebenso wie Füchse auf ihren Anteil.

Bauchlandungen und andere Fangtechniken

Bei der Fischjagd entwickelt jeder Bär seine eigene Technik. Einige springen kopfüber in den Fluß und fassen den Fisch mit ihrem Maul. Andere warten geduldig, bis ein Lachs nahe genug vorbeikommt, um ihn dann mit den Krallen der Vordertatze aufzuspießen. Einige Techniken wirken belustigend. Ein junger und offensichtlich unerfahrener Bär bei Mikfik Creek im Südwesten Alaskas pflegte sich mit einer geräuschvollen Bauchlandung ins Wasser zu werfen. Es war ein großes Spektakel, führte jedoch nur zu spärlichen Ergebnissen. Ein anderer Bär, diesmal ein Weibchen bei den Katmai's Brooks Falls, stand an einer Stelle, an der die Lachse mit großen Sprüngen die Felshindernisse überwanden, und fing sie direkt aus der Luft. Ein riesiges altes Männchen stieg an denselben Wasserfällen unterhalb der Felsen ins Wasser und stellte sich mit den Vorderbeinen in die Strömung. Sobald ein Lachs eines der Beine berührte, schlug die andere Tatze blitzschnell zu und hielt ihn fest. Entgegen einer weit verbreiteten Vorstellung habe ich jedoch niemals beobachtet, daß ein Bär einen Fisch mit einem Tatzenhieb direkt aus dem Wasser fischte.

Am meisten hat mich die sogenannte „Schnorcheltechnik" beeindruckt. Dabei taucht der Bär mit angehaltenem Atem seinen Kopf unter Wasser, während er durch den Fluß oder See watet. Entdeckt er einen nahen Fisch, so schnappt er ihn mit dem Maul. Allerdings mögen Bären keine nassen Ohren.

Oft habe ich beobachtet, daß sie ein ruhiges Gewässer wie ein bepelztes U-Boot durchkreuzen, wobei nur ihre Ohren aus dem Wasser ragen. Sobald ein Bär mit einem Fisch aus dem Wasser auftaucht, wird er als erstes seinen Kopf schütteln, um seine Ohren vom Wasser zu befreien. Möglicherweise setzt das Wasser sein Hörvermögen herab.

Die meisten Bären verbringen beim Lachsfang viel Zeit damit, mögliche Bedrohungen durch in der Nähe wartende Artgenossen abzuschätzen und ihnen auszuweichen. Zusammenstöße kommen dennoch vor; so beobachtete ich einmal, wie zwei emsig schnorchelnde Bären mit den Nasen zusammenstießen. Welche Überraschung! Zum ersten Mal habe ich Bären unter Wasser brüllen hören.

Wenn besonders viele Lachse vorhanden sind, fressen Braunbären häufig nur den von ihnen bevorzugten Körperteil des Fisches. Ich konnte beobachten, daß Bären in einer Stunde 20 Lachse fingen, teilweise fraßen und dann liegenließen. Zuerst bissen sie in den Kopf und fraßen das Gehirn. War der Fisch ein Weibchen, so fraßen sie danach die Eier und zogen die Haut ab, um diese zu verzehren. Doch auch die Fischreste werden immer verwertet. Gewöhnlich werden sie von einem jüngeren Bären erbeutet, der noch keine Jagdrechte an dem Gewässer besitzt. Fast immer werden Magen, Eingeweide und Leber den Möwen und Füchsen überlassen.

Andere Nahrungsquellen

Sofern keine Lachse vorhanden sind, fressen Braunbären Forellen und andere Fische. An der Küste suchen sie die Strände nach Seetang, Mollusken, Krabben und angeschwemmten Kadavern von Meerestieren ab. Im Binnenland fressen sie auch Elchkälber, Hirsche und Karibus. Kann ein Kadaver

Die Beute wird ans Ufer gebracht. Ein Braunbär kann an einem Nachmittag zwölf Lachse vertilgen.

nicht auf einmal verzehrt werden, wird er vergraben und sorgfältig bewacht. In Japan fressen Braunbären vorwiegend Pflanzen: Haarstrang, Eicheln, Früchte und Beeren. Untersuchungen der Exkremente ergaben, daß 98,7 Prozent der Nahrung pflanzlichen Ursprungs waren. Ergänzt wird die Nahrung durch Insekten, die sich unter flachen Steinen der Seeufer ansammeln und dort aufgeleckt werden, sowie gelegentlich durch Weidetiere.

ÜBERWINTERUNG DES BRAUNBÄREN

In ihrem gesamten Verbreitungsgebiet, vielleicht mit Ausnahme der Osttürkei und des Irans, verbringen Braunbären die Wintermonate in Höhlen. Die Fettschicht unter ihrer Haut kann anfänglich 15 bis 25 cm dick sein. Die Winterhöhlen liegen in der Regel fernab menschlicher Siedlungen und Aktivitäten. Der Lärm von Maschinen und Flugzeugen stört den Winterschlaf und kann dazu führen, daß die Bären diese Region im nächsten Winter meiden. In der Sowjetunion gelten Braunbären, die keine Winterhöhle gefunden haben, als außerordentlich gefährlich.

Felshöhlen oder Vertiefungen, die unter großen Bäumen oder waagerecht in Hänge gegraben werden, stellen den Großteil der Überwinterungs-

Rechte Seite: Bären mögen die fette Haut des Lachses besonders gern.

Ein schnorchelnder Braunbär aus der Perspektive seiner Beute.

Rechts: Nachdem der Bär die Haut des Lachses gefressen hat, trägt er ihn ans Ufer.

Unten: Beim Schnorcheln sind Braunbären darauf bedacht, ihre Ohren nicht naß werden zu lassen.

Rechte Seite, oben: Wenn Bären aus dem Wasser kommen, schütteln sie sich wie Hunde.

Rechte Seite, unten: Was der Bär an Nahrungsresten hinterläßt, wird sofort von wachsamen Möwen vertilgt.

plätze. Häufig enthalten sie einen kurzen Tunnel, der zum Schlafraum führt. Je nach Körpergröße des Bären kann ein Schlafraum über 2 m Breite und 1 m Höhe messen. Einige Höhlen wurden jahrhundertelang von vielen Bärengenerationen benutzt.

In den nördlichen Regionen beginnen Braunbären zuweilen bereits Mitte September mit dem Winterschlaf, weiter südlich lebende erst im Oktober oder November. Sobald sie im April oder Mai ihre Höhlen verlassen, suchen sie den nächstbesten Ort auf, an dem sie Nahrung vermuten.

FORTPFLANZUNG

Braunbären können älter als 30 Jahre werden und sich bis ins hohe Alter fortpflanzen. Eine Bärin des Leipziger Zoos bekam noch mit 26 Jahren Junge. In der Regel werfen Weibchen ihre ersten Jungen ab dem fünften Lebensjahr. Die Paarung findet zumeist im Juni oder Juli statt. Auf der Insel Hokkaido in Japan kommen die Jungen 222 bis 229 Tage nach der Kopulation zur Welt. Aufgrund der verzögerten Eieinnistung beträgt die Wachstumsphase des Fötus jedoch nur etwa 60 Tage. Im Alter von einem Monat ist der Embryo ungefähr so groß wie eine Maus. Fast nackt und völlig hilflos kommen die Bären-

Links: Nach anstrengendem Lachsfang bietet der Felsen einen willkommenen Rastplatz.

Oben: Zwischen Bärin und Jungen herrscht eine enge Bindung.

Rechte Seite, oben: Staunend nehmen die Bärenjungen ihr erstes Bad.

Rechte Seite, unten: Auf dem Rücken liegend, säugt die Bärin ihre Jungen.

jungen in der Winterschlafhöhle im Januar, Februar oder März zur Welt. Durchschnittlich werden zwei Junge geboren, bis zu vier Junge sind, besonders in Regionen mit reichem Nahrungsangebot, jedoch nicht ungewöhnlich.

Das Neugeborene kann weniger als 450 g wiegen, nimmt aber durch die 33 Prozent Fett enthaltende Muttermilch schnell an Gewicht zu. In der Wachstumsphase kann es sein Gewicht um das Tausendfache steigern.

Zwischen der Bärin und den Jungen, die sie entschlossen gegen jede mögliche Gefahr verteidigt, herrscht eine enge Bindung. Viele der Jungen sterben dennoch in den ersten eineinhalb Lebensjahren (bis zu 40 Prozent), häufig bei Zusammenstößen mit erwachsenen Männchen; gelegentlich kommt es vor, daß auch die Bärin von solchen wütenden Männchen getötet wird. Manchmal werden Jungbären auch von Wölfen erbeutet.

Die ersten beiden Winter verbringen die Jungen zusammen mit der Mutter in der Höhle, bis sie im darauffolgenden Frühjahr, wenn die Bärin wieder brünstig wird, von ihr verjagt werden. Bären können jeden dritten Winter Junge gebären. Wenn die Bärin sich nicht paart, bleibt die Familie unter Umständen auch noch im dritten Winter zusammen. Nach der Trennung verlassen die jungen Männchen das Revier der Mutter, während die jungen Weibchen häufig im Revier bleiben.

Gelegentlich wurden Gruppen beobachtet, die aus mehreren Weibchen

und allen ihren Nachkommen bestanden. Der Biologe Larry Aumiller, der im McNeil River Sanctuary tätig ist, beobachtete dort während eines Sommeraufenthaltes eine solche Gruppe:

Die zwei Weibchen hatten acht Junge. Den ganzen Sommer über bewachten sie abwechselnd die Jungen, zuerst das eine Weibchen ... dann übernahm das andere die Obhut. Ich machte mehrere Aufnahmen, die ein Weibchen zeigen, das sechs Junge säugt. Am nächsten Tag hatte es nur zwei. Diese beiden Bärenmütter waren gute, tolerante Weibchen ... Bären, die sich seit Jahren gut kannten. Wenn sie sich trafen, liefen die Jungen wahllos durcheinander. Ging ein Weibchen mal mit sechs Jungen fort, hatte das andere eben nur noch zwei.

Braunbären sind offensichtlich sozialer, als wir vielleicht denken.

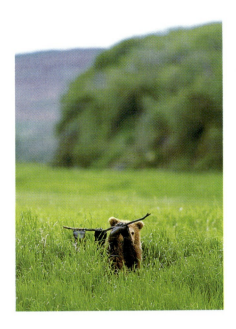

Unermüdlich spielt der Jungbär mit allem, was er finden kann.

DIE RIESENBÄREN VON KAMTSCHATKA

Im östlichen Sibirien ragt die zerklüftete Halbinsel Kamtschatka wie ein riesiger Finger nördlich von Japan ins Meer. Die meisten Bären von Kamtschatka sind recht klein und mit denen Nordeuropas vergleichbar. Nun erzählen aber Legenden von riesigen schwarzen Bären, von denen einige mehr als 1100 kg wiegen sollen. Erste wissenschaftliche Hinweise dafür, daß es Braunbären dieser Größe wirklich geben könnte, tauchten in den fünfziger Jahren in einem Forschungsbericht von Dr. Stan Bergman vom Staatlichen Museum für Naturgeschichte in Stockholm auf, der zwei Jahre auf der Halbinsel Kamtschatka verbracht hatte. Entweder ließen die Bären keine Annäherung zu, oder sie waren sehr selten; jedenfalls bekam Bergman niemals einen zu Gesicht. Es gelang ihm jedoch, den Fußabdruck eines Bären im Schnee zu fotografieren. Die Spur war 38 cm lang und 25 cm breit. Später wurde Bergman das größte Bärenfell gezeigt, das er je gesehen hatte, und das, im Gegensatz zu anderen Bären Kamtschatkas, kurzhaarig war. Ferner hatte Bergman Gelegenheit, einen riesigen Bärenschädel zu vermessen; nach den Maßen zu urteilen, hätte der Bär wesentlich größer sein müssen als der größte bekannte Kodiakbär jenseits der Beringstraße.

Die Unzugänglichkeit der Landschaft und die dichte Vegetation schützen die Bären Kamtschatkas vor Jägern und der Neugier der Wissenschaftler. Da auf Kamtschatka mehrere sowjetische Militärbasen stehen, bleibt der größte Teil des Gebietes ausländischen Besuchern und russischen Einwohnern verschlossen. Einige sowjetische Verwaltungsbeamte erhalten jedoch zu bestimmten Zeiten eine Jagderlaubnis für das Gebiet. Ein hochrangiger Beamter, der später in die Vereinigten Staaten flüchtete, erzählte mir von seiner Bärenjagd auf der Halbinsel. Es war ihm zwar nie gelungen, einen schwarzen Riesenbären zu schießen, doch hatte er gehört, daß in der Umgebung seines Jagdgebietes mehrere monstergroße Bären lebten. Es ist gut möglich, daß diese Bären eine Variante des sibirischen Braunbären *Ursus arctos beringianus* darstellen, der im Landesinneren lebt und eine beachtliche Körpergröße sowie ein Gewicht bis zu 816 kg erreichen soll.

Sowjetische Biologen haben den Riesenbären – sofern er überhaupt existiert – bisher nicht erwähnt. Wir werden wohl warten müssen, bis sich die Sicherheitsvorschriften in der Sowjetunion geändert haben, um herauszukommen, ob der Riesenbär, der sich von Lachsen ernähren soll, wirklich im Dickicht entlang der Flüsse Kamtschatkas vorkommt – oder ob er nur in der Phantasie der dort ansässigen Bewohner existiert.

ANDERE ASIATISCHE BRAUNBÄREN

In den Bergen Nordindiens und in anderen Teilen des Himalaya lebt ein rötlich-brauner Bär, der dem amerikanischen Grizzly ähnelt, zumal er auch die weißen Haarspitzen besitzt, die dem Fell ein silbriges Aussehen geben. Das von den Einheimischen „Rotbär" *(Ursus arctos isabellinus)* genannte Tier ist mit 1,7 bis 2,5 m Länge etwa so groß wie ein mächtiger Grizzly. Der Isabell-Braunbär lebt oberhalb der Baumgrenze und ernährt sich von Gräsern und Wurzeln und gelegentlich auch von einem verendeten Steinbock. Hirten schießen nicht selten die Weibchen, um die Jungbären dann an umherziehende Gaukler zu verkaufen, die sie als Tanzbären benutzen.

Zu den anderen asiatischen Braunbären gehören auch der wenig erforschte Mandschurenbär *(Ursus arctos manchuricus)* und der Tibetbär *(Ursus arctos pruinosus)*, der in Tibet, Sichuan und anderen westlichen Provinzen Chinas vorkommt. Dieser Bär hat häufig ein zweifarbiges Fell mit einem gelblich-braunen oder weißlichen Schultersattel. Der Tibetbär ist in seinem Verbreitungsgebiet sehr gefürchtet. Als ich mit dem Fotografen Mark Newman durch China reiste, hörten wir von einem erfahrenen Biologen, daß jedes Jahr etwa 1500 Menschen von Tibetbären getötet werden. Diese hohe Zahl erschien uns zunächst kaum vorstellbar. Offensichtlich aber sind die meisten Opfer Bauern, die in den Bergen am Rande des tibetischen Hochlandes leben. Dort werden seit einiger Zeit weite Teile in landwirtschaftliche Nutzflächen umgewandelt, und bei territorialen Konflikten mit diesen riesigen Braunbären sind die Bauern zumeist die Verlierer. Da der Besitz von Schußwaffen dort grundsätzlich nicht erlaubt ist, können sie sich nur mit solch unwirksamen Waffen wie Hacke und Schaufel eines wütenden Bären erwehren. Doch mit dem unerbittlichen Einzug des Fortschritts werden die Bären schon bald auf der Seite der Verlierer sein.

HIGUMA, DER JAPANISCHE BRAUNBÄR

Japan ist ein verhältnismäßig kleines Land, doch es steckt voller Überraschungen. Dieses mit 122 Millionen Menschen dicht bevölkerte Land bietet noch annähernd 3000 Braunbären und einer nicht geschätzten Anzahl asiatischer Schwarzbären genügend Lebensraum. Der Braunbär kommt nur auf der nördlichsten, 77 000 km² großen Insel Hokkaido vor; doch dort leben viermal soviel dieser Bären wie in den gesamten Vereinigten Staaten!

Vor etwa 150 Jahren begannen die Japaner, auf Hokkaido Land zu roden, Ackerbau zu betreiben und Industrie anzusiedeln. Tausend Jahre lang hatten dort die Ureinwohner, die Ainu, von der Jagd auf Bären und Hirsche gelebt, Lachse gefangen und Pflanzen gesammelt. Die Bären wurden mit Bambuspfeilen erlegt, deren Spitzen mit dem Wurzelgift des kleinen purpurfarbenen Eisenhuts *Aconitum yesoense* getränkt waren. Die Wirksamkeit des Giftes wurde auf der Zunge oder der Haut zwischen den Fingern geprüft. Brannte die Hautstelle, so war das Gift stark genug. Ein getroffener Bär kam nur noch etwa 50 bis 100 m weit, bevor das schnell wirkende Gift ihn niederstreckte.

Jedes Ainu-Dorf pflegte im Winter zu Ehren des Bären ein Dankfest zu feiern, bei dem ein im Dorf aufgezogener, meist zweijähriger Bär geschlachtet und gegessen wurde. Waren die Bärenjungen, die man dafür vorgesehen hatte, noch sehr jung, so wurden sie sogar von den Frauen des Dorfes gesäugt. Die vier Tage dauernde Zeremonie hatte eine besondere Bedeutung: Die Dorfbewohner gaben den Bären als Boten ihrer Ehrerbietung den Göttern der Berge zurück.

Vor etwa 25 Jahren verboten die Japaner das Ainu-Fest. Heute findet nur noch ein für Touristen veranstaltetes Spektakel statt; es verhindert zumindest, daß diese Tradition ganz verlorengeht. Die Kuratorin des japanischen Bärenparks von Noboribetsu, Noako Maeda, interessiert sich sehr für die Bären Hokkaidos. Sie erforschte die Lebensweise der Ainu und hat sogar selbst junge Bären gesäugt. Sie meinte, daß die Kleinen sanfter saugten, als ihre eigenen Kinder. Noako Maeda hofft, daß der Überschuß der im Park aufgewachsenen Bären schließlich ausgewildert werden kann.

Fraglich ist allerdings, ob diese Wünsche jemals in Erfüllung gehen, da die meisten Japaner den Braunbären als gefährliche Plage betrachten. Regelmäßig kommt es in den Bergen zu Überfällen der Bären auf Farmtiere, manchmal sogar auf Pilzsammler oder Fischer. Auf *Higuma,* so nennen die Einheimischen den Bären, war schon immer ein Kopfgeld ausgesetzt. 1915 wütete ein Bär in einer Farmsiedlung und tötete acht Menschen, darunter ein Baby. Noch heute setzen einige Gemeinden Prämien von 10 000 bis 20 000 Yen auf einen Bären aus, und jährlich werden 300 bis 400 Tiere getötet.

Die Zukunft des *Higuma* sieht nicht rosig aus. Mit der fortschreitenden Abholzung der Naturwälder und der nachfolgenden Besiedelung schrumpft sein Lebensraum immer mehr. Die meisten lachsreichen Flüsse werden heute von Menschen genutzt und sind für Bären damit unzugänglich. Vor einiger Zeit hat sich eine Forschungsgruppe der Hokkaido Universität in Sapporo zusammengefunden, deren Sorge dem Mangel an Nahrung und Lebensraum gilt, unter dem die Bären leiden. Diese Gruppe wird von der Universitätsleitung, die in Übereinstimmung mit der Regierung den Bären als lästige Plage einschätzt, offiziell nicht anerkannt, jedoch toleriert. In den letzten Jahren haben die Studenten die Lebensgrundlagen des *Higuma* erforscht. Vielleicht werden ihre Erkenntnisse einen Weg aufzeigen, wie Menschen und ihr Besitz geschützt und gleichzeitig die großen Bären Japans vor dem Aussterben bewahrt werden können.

DIE WIEDERENTDECKUNG EUROPÄISCHER BÄREN

In Europa entwickelten die Braunbären in Konfrontation mit der Zivilisation ihre eigene Überlebensstrategie. Infolge jahrhundertelanger Bejagung hatte ihr Bestand stark abgenommen. In England überlebten sie bis zum Mittelalter, in anderen europäischen Ländern gab es Mitte des 19. Jahrhunderts nur noch kleine Restpopulationen, bis am Ende des Zweiten Weltkrieges die Bären praktisch ausgerottet waren. Nur wenige Restbestände konnten sich in Gebieten halten, in denen sie nicht auf Menschen trafen. Diese überlebenden Bären wurden sehr scheu und entwickelten besondere Fähigkeiten, sich vor dem Menschen versteckt zu halten.

In Norwegen entdeckten Wissenschaftler siebzehn zerstreute Populationen des Braunbären, die sich bislang vor den Menschen verborgen hatten. Am Oberlauf der Brenta in Norditalien galt der Bär bereits als ausgestorben, und wenn die Jäger gelegentlich über Bärenspuren berichteten, wurden sie verspottet. Einem Schweizer Forscher namens Hans Roth gelang es schließlich, zwei der argwöhnischen Tiere zu fangen und sie mit Sendern zu versehen. Mit seinem Empfangsgerät folgte er den Bären und lernte nach und nach ihre Lebensweise kennen. Er fand heraus, daß ihr Verhalten fast ausschließlich davon bestimmt wird, Begegnungen mit Menschen zu vermeiden. Tagsüber halten sie sich an stets wechselnden Orten versteckt, verlassen selten die Wälder und suchen nur nachts nach Nahrung. So erfuhren die in der Nähe der Brenta lebenden Menschen zu ihrem großen Erstaunen, daß es in ihrer Gegend heute noch etwa 15 bis 18 Bären gibt.

In Europa erleben die Wiederentdeckung des Braunbären und seine Erhaltung einen regelrechten Aufschwung. Etwa 20 Bären wurden in den spanischen und französischen Pyrenäen gefunden. In Norwegen hat man inzwischen etwa 200 Bären nachgewiesen, deren Zahl langsam ansteigt. In Schweden, wo etwa 600 Bären leben, wurde sogar die kontrollierte Bärenjagd mit dem Ziel erlaubt, jene Tiere zu töten, die besonders häufig Weidevieh überfallen. Die durch Bären verursachten Verluste, die sich jährlich auf etwa 100 Schafe belaufen, werden vom Staat getragen. Die Schutzprogramme in Norwegen und der Tschechoslowakei wurden in Zusammenarbeit mit der Regierung entwickelt. Zwar sind die Bären in Jugoslawien, wo etwa 300 Tiere leben, noch nicht gesetzlich geschützt, doch gibt es eine entsprechende Vereinbarung zwischen den Jagdverbänden. Im Wildreservat Koprivnica nahe der Bzgojno wird durch Fütterungsprogramme eine unnatürliche hohe Populationsdichte aufrechterhalten; jedes Jahr werden dort über 200 Tonnen Getreide und 500 Tonnen Schlachtereiabfälle an die 150 Bären des Reservats verfüttert.

In Rumänien leben mehr Bären als in jedem anderen Land Mitteleuropas. Durch staatliche Schutzmaßnahmen und begrenzte Jagdquoten hat sich ihre Zahl von 1000 Tieren im Jahr 1940 inzwischen auf 4000 erhöht. In Karelien im Nordwesten der Sowjetunion, wo zur Zeit etwa 3000 Bären leben, hat die Populationsdichte einen Grad erreicht, der die Leistungskraft jenes Lebensraumes übersteigt, so daß überzählige Tiere westwärts nach Finnland auswandern. Dort ist die Zahl der Bären geringer; die finnische Population wird auf etwa 400 Tiere geschätzt. In den sowjetischen Waldkarpaten wer-

Vorsichtig und äußerst scheu bewegt sich der europäische Braunbär in den letzten Rückzugsgebieten am Rande der Zivilisation.

den in einigen Gebieten bis zu 50 Prozent der Nutzbäume, vor allem Fichten und Lärchen, durch Bären geschädigt. Auch hier versucht man, den Schaden einzudämmen, ohne den Bären auszurotten. In Frankreich wurde sogar ein Projekt gestartet, Bären wieder in den Alpen anzusiedeln, wo der letzte Bär 1934 geschossen worden war.

Einige Wissenschaftler sehen das größte Problem für das Überleben der Bären in der durch Inzucht entstehenden genetischen Verarmung. Daher versucht man vereinzelt, das genetische Potential kleiner, isolierter Populationen durch Aussetzung von Bären aus anderen Gebieten anzureichern.

Bis zur Jahrhundertwende gab es auch im Atlasgebirge noch Braunbären, die wahrscheinlich durch die Mauren ausgerottet wurden. Möglicherweise gibt es im nördlichen Mittelmeerraum noch einige Restpopulationen.

UNTERARTEN DES NORDAMERIKANISCHEN BRAUNBÄREN

Neunzig Prozent der 40 000 bis 50 000 Braunbären Nordamerikas leben in Alaska, dem Yukon Territory, den Rocky Mountains von Alberta und British Columbia sowie den Northwest Territories. Im Innern der Vereinigten Staaten gibt es dagegen nur noch knapp 800 Tiere. Ihre Erhaltung war Gegenstand harter politischer Auseinandersetzungen. In manchen Bundesstaaten wurde der Grizzly sogar als bedrohte Art eingestuft, um auf diese Weise an staatliche Gelder für Forschungs- und Schutzprogramme heranzukommen. Weltweit und in den oben genannten Gebieten scheint der Braunbär seinen Bestand jedoch gut zu halten und nicht vom Aussterben bedroht zu sein.

Nach heutigen Kenntnissen gibt es in Nordamerika zwei Unterarten des Braunbären, darunter den Grizzly *(Ursus arctos horribilis)*, der dort im Inneren der Wälder lebt. Seinen Namen, der im Englischen „grauhaarig" bedeutet, erhielt er aufgrund seines dunklen Fells, dessen helle Haarspitzen silbrig schimmern, zumal dann, wenn man das Tier aus einer gewissen Entfernung betrachtet. Das Durchschnittsgewicht reicht von 158 bis 317 kg und liegt nur selten über 450 kg. In den Bergen Nordkanadas, die lange, kalte Winter und ein spärliches Nahrungsangebot haben, wog das schwerste Männchen, das während einer fünfjährigen Studie untersucht wurde, nur 214 kg. Die Weibchen sind kleiner als die Männchen und legen im Gegensatz zu diesen auch mit zunehmendem Alter nicht mehr an Gewicht zu.

Der Grizzly steht in dem Ruf, gegenüber Menschen aggressiv zu sein. Vermutlich entwickeln wir deshalb eine Art Respekt, die wiederum zu Folge hat, daß wir die Körpergröße des Tieres oft überschätzen. Die vielen Horrorgeschichten, die sicher nicht immer unbegründet sind, erschwerten die Aufklärung der Öffentlichkeit über die Lebensweise dieses im allgemeinen scheuen und friedlichen Tieres. Wie ein Biologe sagte, handelt es sich bei ihm um „eine sehr gefühlsbetonte Tierart". Dennoch: Jedes Jahr wird ein halbes Dutzend Menschen von Grizzlys schwer verletzt, was die vorhandenen Vorurteile weiter verstärkt. Doch diese Unfälle geschehen in der Regel nur, weil die Menschen zu wenig über den Bären wissen.

GLETSCHER LASSEN GROSSE BÄREN WACHSEN

In den Küstenregionen von Alaska und British Columbia leben die größten Braunbären Nordamerikas. Ihre Körpergröße scheint mit der ungeheuren Energie aktiver Gletscherregionen in Zusammenhang zu stehen: Durch die

Bewegungen des Eises wird das Gestein zu Pulver zerrieben, so daß die freigesetzten Mineralien von vielen Nahrungspflanzen der Bären aufgenommen werden können. Ferner nimmt man an, daß durch Auswaschung dieser Nährstoffe in Flüsse und Meer das Algenwachstum und dadurch wiederum der Fischreichtum dieser Region erhöht werden. Vom reichen Lachsbestand profitieren am Ende der Nahrungskette auch die Bären.

Im Südwesten Alaskas wurden drei Schutzgebiete ausgewiesen, um die Bären und ihren Lebensraum zu bewahren.

Kodiak National Wildlife Refuge

Kodiak ist der Name einer wunderschönen, zerklüfteten Insel vor der Südwestküste Alaskas. Es gibt dort einige Siedlungen und Farmen. 1941 wurde mehr als die Hälfte dieser 13 700 km² großen Insel zusammen mit Teilen der nahegelegenen Inseln Afognak und Shuyak zum Schutze des Lebensraumes der Bären und anderer Tiere zur Sperrzone erklärt. Diese Berglandschaft mit ihren fjordähnlichen Buchten, Wiesen und einer üppigen Vegetation ist von nasser, stürmischer Witterung geprägt.

Der Kodiakbär *(Ursus arctos middendorffi)* lebt auf einigen wenigen Inseln der Kodiakgruppe Alaskas völlig isoliert von seinen Artgenossen. Er wird häufig als größter Braunbär der Erde betrachtet; ein alter männlicher Kodiakbär kann – in Ausnahmefällen – ein Gewicht von 800 kg erreichen.

Man schätzt die Population dieser nördlichen Inselgruppe auf 2500 bis 3000 Tiere. Vor etwa 10 000 Jahren wurden sie vom Rest der Welt isoliert, als ein Gletscher das Gebiet vom Festland abschnitt. Deshalb verlief die Entwicklung des Kodiakbären anders als die seiner Verwandten in Alaska. Heute ist er durchschnittlich größer – ein großes Männchen wiegt etwa 680 kg –, besitzt ein breites Gesicht und einen größeren Schädel. Aufgrund der unterschiedlichen Schädelausbildungen betrachten die meisten Wissenschaftler den Kodiakbär als eine eigene Unterart.

Vor 50 Jahren nahm die Zahl der Kodiakbären rapide ab. Rancher hatten Weidetiere auf die Insel gebracht, die für die Bären eine leichte Beute waren. Als die Bauern sich beschwerten, setzte die Regierung Jäger auf der Insel ein. Auch heute noch werden gelegentlich Weidetiere von den Bären erbeutet, doch ist der wirtschaftliche Schaden in Anbetracht des Wertes, den die Bären für den Tourismus haben, unbedeutend. Nach neueren Studien liegt der Wert eines Kodiakbären bei 10 000 Dollar, sofern man die Einnahmen der Reise- und Fluggesellschaften, der Restaurants und Motels zugrunde legt. Für die Gemeinden von Kodiak stellt der Tourismus eine wichtige Einkommensquelle dar. Bei der gesetzlich geregelten Jagd auf Kodiakbären werden jährlich etwa 130 Tiere erlegt. Vieles deutet darauf hin, daß durch den begrenzten Abschuß die Bärenpopulation sogar noch anwächst, da auch einige große männliche Bären, die für die Jungbären eine Gefahr darstellen, getötet werden.

Das McNeil-River-Reservat

Etwa 225 km nördlich der Kodiak-Insel und 321 km südwestlich von Anchorage mündet ein mittelgroßer Fluß auf Augustine Island unterhalb eines aktiven Vulkans in die Kamishak Bay. Scharen von Lachsen wandern in jedem Sommer stromaufwärts zu ihren Laichplätzen – und zu den Braunbären, von denen sie gefressen werden. An einer Flußstelle behindern Stromschnellen die Wanderung der Fische und zwingen sie, sich springend durch das tosende Flachwasser zu kämpfen. An diesem natürlichen Flaschenhals konzentriert

sich die weltweit größte Ansammlung von Braunbären, um Lachse zu fangen.
An diesen Stromschnellen wurden schon 56 Tiere gezählt, die dort gleichzeitig auf Jagd gingen.

Angesichts der Einzigartigkeit dieses Schauspiels verbot die Regierung von Alaska 1976 die Jagd in dieser Region und wies etwa 34 400 ha entlang des Flusses als Schutzzone aus. Die Bären der McNeil River, die seit Jahren an Besucherströme gewöhnt sind, haben gegenüber Menschen einen bemerkenswerten Gleichmut entwickelt. Um die Auswirkungen auf das natürliche Verhalten der Bären so gering wie möglich zu halten, erlaubt die Reservatverwaltung nur einer begrenzten Zahl von Besuchern den Zutritt. Jedes Jahr werden etwa 200 Interessenten ausgelost, die in Zehnergruppen und betreut von den vor Ort arbeitenden Biologen das Gebiet besuchen dürfen. Ist die für vier Tage geltende Aufenthaltserlaubnis abgelaufen, kommt schon die nächste Besuchergruppe an. Wenn sich die Menschen diszipliniert und unauffällig benehmen, können sie ohne Gefahr das natürliche Verhaltensrepertoire der Bären aus der Nähe beobachten. Viele erfahrene Naturforscher und Tierfotografen halten das McNeil-River-Reservat für einen der weltweit besten Plätze zur Tierbeobachtung.

Katmai-National-Park

Nur wenige Kilometer westlich des McNeil River liegt der Katmai-National-Park. Die Gegend ist vulkanisch und wurde früher eher gemieden, bis sie im Lauf der Zeit wegen ihrer beträchtlichen Bärenpopulation auf sich aufmerksam machte. Als ich einmal einige Sommerwochen dort verbrachte, staunte ich, wie viele Bären auf dem Weg zum Fluß an meinem Zelt vorübergingen. An den nahegelegenen Brooks Falls können Besucher von einer erhöhten Plattform aus den Bären gefahrlos beim Fischen zuschauen.

Mitte Juli setzt im Brooks River ein starker Lachszug ein, der die Bären aus der Umgebung anzieht. Die Parkbesucher werden am Brooks Camp von einem Ranger empfangen, der sie mit den Sicherheitsregeln vertraut macht. Im Park besitzen stets die Bären die Wegerechte. Campen ist nur erlaubt, sofern alle Lebensmittel und Abfälle in den von der Verwaltung eigens angelegten erhöhten Vorratsbehältern gelagert werden.

In der Umgebung von Brooks Camp werden die Bären ständig überwacht, und sollte einer gegenüber Menschen aggressiv werden, wird ihm mit

Ein erwachsener Braunbär, der in der Rangfolge an der Spitze steht, verteidigt hier seine Jagdrechte gegenüber dem jüngeren.

Linke Seite: Zwei halbwüchsige Kodiakbären messen ihre Kräfte. Nach der Trennung von der Bärin bleiben Geschwister manchmal ein oder mehrere Jahre beisammen.

Selten kommt es, wie in diesem Fall, zu ernsten Kämpfen um die Wegerechte. In der Regel läuft der Verlierer schließlich mit wenigen Bißwunden und Schrammen davon. Nur ausnahmsweise führt ein Kampf zum Tod des Unterlegenen.

Gummigeschossen auf das Hinterteil eine Lektion erteilt. Bislang ist hier nur ein einziger Mensch von einem Bären verletzt worden: Ein schlafender Camper, dessen Hose stark nach Schinkenspeck roch, wurde in seinen Allerwertesten gebissen.

Auch an anderen Stellen versammeln sich zahlreiche Braunbären: auf den ABC-Inseln Alaskas (Admiralty, Baranof und Chichagof) und im Khutzeymateen-Tal von British Columbia. Um den negativen Auswirkungen industrieller Abholzung vorzubeugen, hat man damit begonnen, auch Teile dieser Gebiete als Bärenreservate zu verwalten.

Blanche: Die Geschichte eines Grizzlys

Der kanadische Wildbiologe Bruce McLellan nennt seine Arbeit mit den Braunbären im oberen Teil des Flathead River Valleys von Montana und British Columbia „Cowboy-Biologie", da er sie zu Pferde verrichtet. Im Herbst fängt McLellan die Bären mit Schlingenfallen und versieht sie nach ihrer Betäubung mit Senderhalsbändern. Während der restlichen Zeit des Jahres erforscht er ihre Wanderungen und Überwinterungsplätze. Das sogenannte Border Grizzly Project ist eine Langzeit-Forschungsstudie in Zusammenarbeit zwischen Kanada und den Vereinigten Staaten. Ein Ziel der Untersuchungen ist es, festzustellen, welche Auswirkungen kommerzielle Abholzungen und der Abbau von Bodenschätzen auf die Bären haben. Obwohl nur wenige Menschen in dem Tal leben, durchqueren Schotterstraßen von einigen Hundert Kilometern Länge das Gebiet.

„Diese Forschungsarbeit ist häufig eine einzige Geduldsprobe", sagte mir vor kurzem Bruce McLellan während eines Besuches.

Dennoch, allein die körperliche Erscheinung der Grizzlys, ihre Kraft und Überlegenheit flößen mir Respekt ein; und intelligent sind sie auch. Ich will Ihnen von Blanche erzählen.

Wir fingen sie eines Nachts im Herbst 1979 nur 15 m von unserer Hütte entfernt. Sie war wie verrückt und äußerst aggressiv – und hörte nicht auf, den Boden aufzuwühlen und zu brüllen, da sie ihre Tatze in der Schlinge verletzt hatte. Sie machte so viel Lärm, daß wir woanders zelten mußten, um schlafen zu können. In der Dunkelheit konnten wir sie nicht betäuben.

Seitdem hat sie uns die meisten Informationen geliefert, die wir jemals von einem Bären bekommen haben. Wir erhielten über 600 Aufenthaltsdaten von ihr, so daß wir das alte Mädchen wirklich gut kennenlernten. Auf jeden Fall entschlossen wir uns nach zwei Jahren, sie erneut zu fangen und das Senderhalsband auszuwechseln, da die Batterien nachließen. Wir versuchten es mit allen möglichen Fallen, denen sie jedoch stets auswich. Schließlich gelang uns der Fang mit einem überfahrenen Hirsch, den wir als Köder ausgelegt hatten. Inzwischen war das Senderhalsband fast drei Jahre alt – es funktionierte zwar noch; doch die Batterien waren so gut wie leer.

Da saß sie also in der Falle. Sie hatte noch nicht einmal die Fußschlinge

Der Anblick dieses Grizzlys sollte Warnung genug sein. Bärinnen mit Jungen sind äußerst gefährlich.

zusammengezogen, sondern blieb friedlich und schaute uns an. In den Boden hatte sie eine Kuhle gegraben, in der sie saß, um ihr Hinterteil vor der Betäubungsspritze zu schützen. Offensichtlich erinnerte sie sich an den Fang vor drei Jahren.

Daher schoß ich die Betäubungspatrone in ihren Hals ... und ihr überraschter Blick drückte aus: „Verflucht noch mal, das ist unfair!"

Seit mehreren Jahren habe ich die alte Blanche nicht mehr gesehen; ob sie wohl noch lebt? Sie müßte inzwischen über 27 Jahre alt sein ... Diese Bärin war wirklich in Ordnung.

Während wir uns unterhielten, steuerte Bruce seinen zerbeulten Lastwagen über holprige Waldwege zu der Stelle, wo er seine Fallen ausgelegt hatte. Jede der Fallen war leer. Vor der letzten Falle stellten wir den Wagen am Ende eines kurzen Reitpfades ab. Während Bruce darüber nachdachte, ob Blanche wohl noch lebte, wurden wir auf eine Bewegung aus der Richtung der ausgelegten Falle aufmerksam. Als wir aus dem Wagen sprangen, kam uns ein donnerndes Gebrüll entgegen, das nur eines bedeutete: ein Grizzly! Kurz darauf erkannten wir Blanche.

Nach ihrer Betäubung untersuchte McLellan sie. Da sie Milch hatte, mußten ihre Jungen ganz in der Nähe sein. Mit 27 Jahren war Blanche die älteste Grizzly-Bärin, die wir mit Jungen gesehen hatten. Ihre Zähne bestanden nur noch aus Stummeln.

Einige Monate später erhielt ich einen Brief von Bruce:

Wie ein Troll aus dem Märchenbuch wirkt dieser Kodiakbär, der hier nach Lachsen Ausschau hält.

Der Herbst verlief erfolgreich, brachte aber auch eine schlechte Nachricht. Insgesamt haben wir 13 Grizzlys gefangen und neun neue Sender installiert. Die schlechte Nachricht betrifft das Pech, das Blanche hatte, ihr allerletztes. Die Alte wurde beim Überqueren einer Straße rücksichtslos niedergeschossen. Wahrscheinlich wollte ein „Sportjäger" ausprobieren, ob sein Gewehr funktioniert. Es funktionierte. Sie wurde auf der Straße getroffen, schaffte noch 20 Meter bis in den Wald und starb. Man ließ sie den Kolkraben zum Fraß. Ihre heulenden Jungen gingen ohne ihre Führung und Bewachung vier Tage später etwa 6,5 km von Blanches Sterbeplatz entfernt in unsere Fallen. An jenem Abend waren die Jungbären zu ihrer toten Mutter zurückgekommen ... aber sie wiegen 68 kg, sind bei guter Gesundheit und werden wahrscheinlich groß und stark werden, bis sie, wie ihre Mutter, einer Bleikugel im Weg stehen.

Vom Schwimmen durchnäßt, ruhen sich die Bären am Ufer aus. Familien bleiben gelegentlich drei bis vier Jahre zusammen.

Ärger mit den Grizzlys

„Naja, so alle paar Jahre habe ich einen Grizzly geschossen", gab der Viehrancher mir gegenüber offen zu. Ich hatte mich mit dem Mann zum Essen hier am Fuße der Rocky Mountains in Montana verabredet. „Diese Bären sind einfach grauenvoll ... wenn sie könnten, würden sie jedes meiner Kälber töten."

Er machte eine Pause, nahm einen Schluck Kaffee und überlegte einen Moment. Draußen stand sein Chevy-Lader mit Allradantrieb, über dessen Rückenstütze eine Schrotflinte und ein Hirschgewehr hingen. Seine Ranch,

die er „ein kleines Fleckchen Erde in den Bergen" nannte, war so groß wie einige Counties in den Oststaaten. Aufgewachsen in diesen Bergen, war er daran gewöhnt, seine Probleme selbst zu lösen.

„Natürlich, ich weiß, daß das Gesetz sie schützen soll und all das", sagte er weiter, „aber ein Mann hat doch wohl das Recht, sein Eigentum zu verteidigen, oder?"

Ich nickte. In diesem Punkt hatte er recht. Ich bezweifle, daß es mir egal wäre, wenn ein Grizzly meine preisgekrönten Kälber zerfleischen würde. Dennoch fragte ich mich, wie viele von ihnen bereits tot waren, bevor die Bären sich über sie hermachen konnten.

„Natürlich haben wir ein paar Totgeburten, und ab und zu stirbt mal ein Ochse . . ., also vielleicht sind einige von ihnen nicht von Bären getötet worden", räumte er ein. „Aber dazu wird es auch nicht kommen, das schwöre ich. Das kann ich mir nicht leisten . . . bin ja kaum in der Lage, unsere Rechnungen zu bezahlen, so wie's aussieht."

An seinem Wagen verabschiedeten wir uns. Als er in seinen Lader stieg und losfuhr, sagte er noch einmal: „Grizzlys sind einfach grauenhaft . . . wenn du ihnen eine Chance gibst, machen sie dich fertig. Mit denen werden wir nie auskommen."

Seit seiner Entdeckung durch europäische Siedler liegt der Grizzly im Streit mit der Zivilisation. Schon als die Lewis-und-Clark-Expedition einigen Bären begegnete, eröffnete sie schnell das Feuer. 1848 brachten fünf Jäger von einem einjährigen Aufenthalt in Oregon insgesamt 700 Grizzlypelze mit zurück in die Oststaaten. Als die ersten Eisenbahnen Siedler in den Westen transportierten, wo sie ein neues Leben erwartete, starben die Grizzlys zu Tausenden. Bis 1900 war der Grizzly in den Great Plains und den umliegenden Bergen ausgerottet. Das Land wurde nach und nach sicherer für die Viehhaltung. Zudem gab es auf dem Weltmarkt eine beträchtliche Nachfrage nach Bärenfellen. 1904 brachte ein gutes Braunbärfell 75 Dollar; das war mehr als ein ganzes Monatsgehalt. Vor den Ersten Weltkrieg wurden Hunderte von Fellen nach Europa verschifft, um dort zu Fellmützen für die russische, österreichische, deutsche und englische Armee verarbeitet zu werden.

In Kalifornien wurde der letzte Grizzly 1922 getötet. Aus Oregon war er um 1933 und aus dem Südwesten zwei Jahre später verschwunden. Der Grizzly, einst überall dort zu Hause, wohin die Siedler vordrangen, war auf einige wenige, zerstreute Populationen in den südlicher gelegenen Bundesstaaten zusammengeschrumpft. Obwohl man heute weniger als 900 Tiere zählt, ist der Bär noch immer ein Problem für die Rancher und eine Bedrohung für Reisende.

In der Zeitschrift *National Geographic* schrieb Douglas Chadwick 1986 unter der Überschrift „Grizzly: Der Mensch und der große Bär":

Vielleicht werden wir den Grizzly nicht ganz verlieren. Vielleicht werden wir ihn einfach zu etwas anderem machen. Wenn wir uns eine kleine Restpopulation mit vorherrschender Inzucht suchen und dort immer wieder die großen, mutigen und herausragenden Bären abschießen, wird aus dem verarmten Erbmaterial eine kleinere, unterwürfige und sanfte Version entstehen, die mit dem Grizzly nur noch den Namen gemein hat.

Der Grizzly zeigt schon heute ein verändertes Verhalten; er ist vorsichtiger geworden. Man sagt, daß sich die Bären im Yellowstone Nationalpark schon versteckt halten und Menschen, die ihr Territorium betreten, genau beobachten. Dringen zu viele Besucher in das Gebiet ein, nehmen die Bären einfach Reißaus.

Das Tal der Bären
Mitte des letzten Jahrhunderts gab es noch 100.000 Grizzlys in Nordamerika. Heute kämpfen Tierschützer um den Erhalt der stolzen Bärenart. **NATUR**

Links: Einsam durchstreift ein Grizzly die arktische Tundra. Braunbären benötigen zum Teil riesige Landstriche, um genügend Nahrung zum Überleben zu finden.

EISBÄREN

Nomaden im ewigen Eis

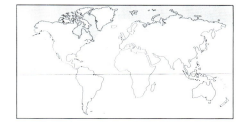

Die Eskimos nennen ihn „Nanook" und sagen ihm übernatürliche Kräfte nach. Kein Wunder, denn dieser weiße Bär, der am Nordende der Welt lebt, taucht in dieser endlosen Eislandschaft manchmal auf wie aus dem Nichts. In Gestalt und Verhaltensweise unterscheidet sich der Eisbär so sehr von anderen Bären, daß man ihm eine Verwandtschaft mit Braunbären kaum zutrauen würde. Bis vor kurzem wurde er von Wissenschaftlern noch als eigene Gattung eingeordnet.

DIE ENTWICKLUNG DES EISBÄREN

Man nimmt an, daß die entwicklungsgeschichtliche Trennung der Eisbären *(Ursus maritimus)* von den Braunbären Sibiriens während der Eiszeit des mittleren Pleistozäns, also vor etwa 250 000–100 000 Jahren, begann. Als die Gletscher den Lebensraum der Tiere immer stärker veränderten, wurden die Vorfahren unserer Eisbären weiter nach Norden auf das ewige Eis vertrieben und lernten dort, Seehunde zu jagen. Das harte Klima förderte eine schnelle Entwicklung und Veränderung dieser isolierten Bären. Da sie sich zunehmend von Fleisch ernährten, entwickelten ihre Reißzähne schärfere Kanten zum Beißen und Zerkleinern. Ihre langen Krallen, die ursprünglich zum Graben dienten, wurden kürzer und spitzer, um zappelnde Beute ergreifen zu können, das Fellhaar wurde dichter zum Schutz vor der bitteren Kälte und cremefarben zur Tarnung in einer weißen Umwelt.

Auch wenn man es ihnen nicht ansieht, sind Braun- und Eisbären einander noch immer sehr ähnlich. In Gefangenschaft haben sie sich gepaart und fortpflanzungsfähige Junge gezeugt. Auch bei in Freiheit lebenden Tieren hat man einige verblüffende Gemeinsamkeiten entdeckt. So hat man im arktischen Westkanada Braunbären auf Eisschollen im offenen Meer beobachtet,

Links: Sobald die Küstengewässer zugefroren sind, wandern die Eisbären auf das Meer hinaus.

andererseits aber auch Eisbären, die auf dem Festland Karibus jagten. Einige Biologen halten den sogenannten Barren Ground Grizzly, eine Unterart des Braunbären, die südlich der Westküste des nordamerikanischen Eismeeres lebt, für eine Kreuzung zwischen Eis- und Braunbär. Andere Wissenschaftler bezweifeln dies mit dem Hinweis auf die sehr unterschiedlichen Lebensräume und Paarungszeiten der beiden Arten. Immerhin überschneiden sich diese Perioden im Mai, so daß eine Hybridisierung zeitlich durchaus möglich wäre.

In London hat man 1964 eine ausgestorbene Unterart des Eisbären, *Ursus maritimus tyrannus* genannt, entdeckt. Seine fossilen Überreste lassen erkennen, daß er wesentlich größer als unser heutiger Eisbär war.

KÖRPERLICHE MERKMALE

Eisbären gehören zu den größten Bären. Die Weibchen wachsen bis zum vierten Lebensjahr und erreichen ein Höchstgewicht von 300 kg. Die Männchen dagegen wachsen bis ins achte Jahr und können bis zu 600 kg wiegen und, von der Nase bis zum Schwanz gemessen, eine Länge zwischen 2,5 und 3,5 m erreichen. Der größte bekannte männliche Eisbär maß 3,65 m und wog 1002 kg.

Der Eisbär hat einen untersetzten Körper; der Hals ist länger und der Kopf proportional kleiner als bei anderen Bären. Seine kräftige Muskulatur ist besonders an den Hinterbeinen und im Nacken stark ausgebildet. Die riesigen Vorderpranken mit bis zu 30 cm Durchmesser sind größer als die Hintertatzen und zum besseren Schwimmen mit partiellen Schwimmhäuten ruderartig ausgebildet. Dichte Fellpolster auf den Sohlen bieten besseren Halt auf dem Eis. Der Schwanz ist kurz, und die Ohren sind klein und mit dichtem Pelz geschützt.

Der Magen eines erwachsenen Tieres faßt 70 kg Nahrung. Typisch für einen Fleischfresser ist der Verdauungtrakt, der Kohlehydrate nur schlecht verwerten kann. Die Leber des Eisbären ist aufgrund ihrer hohen Konzentration an Vitamin A (15 000 bis 30 000 i. E. pro Gramm) für den Menschen ungenießbar. Es wurde von Polarforschern berichtet, die an Vitamin-A-Vergiftung erkrankten oder gar starben, nachdem sie Leber von Eisbären gegessen hatten.

Wie schon im ersten Kapitel erwähnt, sind Eisbären sehr anfällig für Trichinen, die sie sich über infizierte Robben zuziehen. Auch Menschen können

Rechts: Gespenstisch wirkt dieser Eisbär, der in einem Schneegestöber wie aus dem Nichts auftaucht.

Rechte Seite: Manche Hautpartien und die Nase des Eisbären sind dunkel gefärbt, um möglichst viel Sonnenwärme aufzunehmen.

durch rohes oder halbgares Eisbärenfleisch von diesen Parasiten befallen werden. Eine Trichineninfektion kann sehr schmerzhaft und gefährlich sein. Die Parasiten überleben jedoch nicht, sofern das Fleisch auf eine Temperatur von mindestens 69 °C erhitzt oder 28 Tage lang bei –17 °C tiefgefroren wird.

DAS FELL DES EISBÄREN

Die Färbung des Felles variiert von reinweiß bis gelblich, kann aber bei bestimmten Lichtverhältnissen grau wirken. Die vor allem im Sommer auftretende gelbliche Tönung ist wahrscheinlich die Folge einer durch Sonneneinwirkung stattfindenden Oxidation. Das Fell wirkt nur deshalb weiß, weil es das Licht reflektiert und streut. Das einzelne Fellhaar ist hohl und durchsichtig und dient, so hat man erst vor kurzem entdeckt, zum Bündeln von ultraviolettem Licht. Ähnlich einer Fiberfaser leiten die Haare das Licht zur Haut – die, wie auch Nase und Lippen, schwarz ist. Wissenschaftler der Northeastern University in Boston fanden heraus, daß das Eisbärenfell die erstaunliche Fähigkeit besitzt, 95 Prozent der UV-Strahlen in brauchbare Wärme umzuwandeln. Einer neuen Theorie zufolge hilft diese absorbierte Energie dem Eisbären, seine Körpertemperatur aufrechtzuerhalten. Anders als Solarzellen, die zum Licht gedreht werden müssen, fangen diese Fellhaare das Licht aus jeder Richtung ein. Dabei verlieren sie nur sehr wenig Energie, da das UV-Licht aus noch ungeklärten Ursachen ausschließlich zur Haut des Bären geleitet wird.

Dieses Phänomen wurde erstmals von Richard Grojean, Professor für Elektro- und Computertechnik an der Northeastern University von Boston, aufgegriffen, nachdem er einen Bericht kanadischer Biologen gelesen hatte, demzufolge es nicht möglich ist, Eisbärenpopulationen mit den üblichen Luftaufnahmen oder durch den Einsatz von Infrarotfilmen zu schätzen. Die traditionellen Luftaufnahmen gaben nichts her, da Eisbären sich optisch nicht von ihrer weißen Umgebung abheben, und Infrarotfilme, die Wärme und daher auch warmblütige Tiere sichtbar machen, verfehlten ihre Wirkung, da das Fell den Eisbären so gut isoliert, daß er kaum Wärme nach außen abgibt. Eine Lösung wurde schließlich durch den Einsatz von UV-Filmen gefunden, die die kurzen, unsichtbaren Strahlen am Ende des Lichtspektrums registrieren. Da der Schnee 90 Prozent der ultravioletten Strahlen reflektiert und das Fell der Eisbären diese absorbiert, wurden die Tiere durch den entstehenden Kontrast auf dem Film sichtbar.

Der kanadische Eisbärenspezialist Mitch Taylor bezweifelte allerdings, daß die Eigenart des Eisbärenfells, Sonnenenergie aufzunehmen, für das Überleben der Tiere von größerer Bedeutung ist, da in der kältesten Jahreszeit die Tageslichtdauer am kürzesten ist. In der Nähe des Polarkreises wird es in den Wintermonaten nur sehr kurze Zeit hell, zeitweise gar nicht. Taylor argumentiert anders:

Eisbären können in eisigem Wasser 80 bis 100 km weit schwimmen ... manche Berichte sprechen sogar von 150 km. Was den Eisbären vor Wärmeverlust schützt, ist sein Fell und eine dicke Unterhaut-Fettschicht. Ferner wird das Blut durch ein gegenläufiges Durchblutungssystem gekühlt, wenn es an die Hautoberfläche kommt, und wieder aufgewärmt, sobald es in den Körper zurückfließt ... eine Art automatische Wärmepumpe wie bei Seehunden.

Die hohlen Fellhaare unterstützen, wie auch die 5 bis 10 cm dicke Fettschicht, den Auftrieb beim Schwimmen. Kälteisolierend wirkt zusätzlich das glänzende Deckhaar, das über dem dicken Wollhaar liegt.

DER SCHWIMMENDE „SEEBÄR"

Ursus maritimus bedeutet „Seebär", und genau dort lebt er auch – am Rande der „aktiven Zone", wo ewiges Eis und Eismeer ineinander übergehen. Eisbären sind hervorragende Schwimmer und begeben sich ins Wasser, um nach Nahrung zu jagen oder einer Gefahr zu entgehen. Dabei bewegen sie sich nur mit den Vorderbeinen vorwärts und können bis 95 km ohne Pause schwimmen, wobei sie eine Geschwindigkeit von 10 km pro Stunde erreichen können. Die Hinterbeine werden wie ein Ruder zum Steuern eingesetzt. Man hat diese großen weißen Bären auf Eisschollen beobachtet, die 300 km von der Küste entfernt waren.

Eisbären schwimmen offensichtlich sehr gerne und sind zudem exzellente Taucher. Sie können bis zu zwei Minuten unter Wasser bleiben und bis 4,5 m tief tauchen. Unter Wasser bleiben die Augen geöffnet, während die Ohren angelegt und die Nasenlöcher geschlossen werden. Ihr Sehvermögen ist unter Wasser offenbar sehr gut. Ein in Gefangenschaft gehaltenes Tier, mit dem ich arbeitete, konnte einen toten Hering ausmachen, der in 4,5 m Tiefe auf dem Beckengrund lag. In Freiheit fressen sie neben Seevögeln, die sie tauchend von unten angreifen, auch Krabben und andere Schalentiere, die sie in flachem Wasser vom Meeresboden aufnehmen.

In offenen Wasserrinnen machen Eisbären sogar schwimmend Jagd auf Seehunde. Diese Wasserrinnen werden vom Wind oder der Gezeitenströmung ins Eis gebrochen und bleiben nur wenige Minuten oder auch mehrere Tage offen. In den biologisch aktiven Zonen des Eismeeres, die das ganze Jahr über eisfrei bleiben, suchen große Meeressäuger wie Wale und Robben nach Nahrung.

Manchmal versuchen Eisbären, plötzlich aus dem Wasser springend, eine am Rande des Eises dösende Robbe zu erbeuten. Man berichtet von Tieren, die, sozusagen aus dem Stand und mit gewaltiger Kraft, aus dem Wasser bis 2,25 m hoch in die Luft schnellen konnten. Auch wurde beobachtet, daß Eisbären sich regungslos im Wasser treiben ließen und auf diese Weise einer Robbe gefährlich nahe kamen. Wenn Bären ins Wasser gehen, tun sie das entweder vorsichtig und rückwärts gleitend, oder sie springen kopfüber hinein. Wenn sie herauskommen, schütteln sie sich gewöhnlich wie nasse Hunde, um das Fell von den Tropfen zu befreien.

Eisbären sind hervorragende Taucher. Aus flachen Meeresgewässern holen sie Seetang, Muscheln, Krabben und sogar Plattfische.

Oben: Eisbären können bis 4,5 m tief tauchen und über 2 Minuten lang unter Wasser bleiben.

Rechts: Auch unter Wasser besitzt der Eisbär ein hervorragendes Sehvermögen. In flachen Gewässern sucht er zuweilen den Meeresboden nach Freßbarem ab.

Rechte Seite: Durch die dünne Eisdecke gebrochen, bewegt sich der Bär nun schwimmend auf das Meer hinaus. Eisbären wurden mehrere hundert Kilometer weit draußen im offenen Meer beobachtet.

Eisbären durchwandern riesige Flächen der arktischen Landschaft. Dennoch sind ihre Wege jeweils auf eine bestimmte Region beschränkt.

DER BÄR AUF WANDERSCHAFT

Eisbären wandern viel und legen dabei in jedem Jahr riesige Entfernungen zurück. Während seines Lebens kann ein Tier im Durchschnitt 260 000 km² arktischer Wildnis durchkreuzt haben. Zumeist laufen sie, etwas schlurfend, in einem gleichmäßigen Tempo von etwa 4 km pro Stunde. In Bedrängnis können sie eine Geschwindigkeit von 40 km/h erreichen. Sie ermüden jedoch sehr rasch und nehmen die erstbeste Gelegenheit wahr, sich hinzulegen und auszuruhen. Der Forscher Paul Watt, der mit dem Canada's Institute of Arctic Physiology in Churchill, Manitoba, zusammenarbeitet, hat mit gefangenen Eisbären Versuche in einer Tretmühle gemacht und bei verschiedenen Laufgeschwindigkeiten ihren Sauerstoffverbrauch gemessen.

„Obwohl Eisbären weite Entfernungen zurücklegen müssen, sind sie sehr unökonomische Läufer", meint er.

Sie verbrauchen beim Laufen bis zum Zweifachen der Energiemenge, die man bei einem Tier dieser Körpergröße erwarten könnte. Das hängt sicher mit ihren massigen Beinen und dem ganzen Körperbau zusammen. Mit diesen kräftigen Vorderbeinen können sie ohne große Mühe Winterhöhlen von Robben aufbrechen oder eine 227 kg schwere Robbe mit einer Tatze aus dem Wasser schleudern.

Mit ihren breiten Tatzen können Eisbären durch tiefen Schnee laufen, doch ziehen sie festen Untergrund wie Eis oder Erde vor, um Energie zu sparen. Beim Abstieg an steilen Hängen nehmen sie eine nach oben gerichtete

Schrägstellung ein und benutzen dabei ihre Vorderbeine als Bremse. Auch vor schwierigem Gelände scheuen sie nicht zurück. Man hat beobachtet, daß Eisbären selbst steile Eisklippen schnell und geschickt hinaufkletterten oder Abhänge auf dem Bauch hinunterschlitterten.

GESICHTS-, GEHÖR-, GERUCHSSINN UND INTELLIGENZ

Seh- und Hörvermögen des Eisbären sind mindestens ebenso gut ausgebildet wie beim Menschen. Seine Nase ist so fein entwickelt, daß er eine Robbe noch aus 30 km Entfernung wittert. Forscher in Alaska haben männliche Eisbären beobachtet, die mit großer Ausdauer 64 km weit geradewegs über Packeis liefen und durch offene Wasserrinnen schwammen, bis sie endlich das Beutetier erreichten, dessen Witterung sie aufgenommen hatten. Sie spüren sogar Robben auf, die in ihren einen Meter unter Eis und Schnee versteckten Winterhöhlen liegen.

Das Verhaltensrepertoire des Eisbären ist, wie bei fast allen anderen Bären, bemerkenswert breit gefächert. Jagende Eskimo wissen zu berichten, daß Bären ihre dunkle Nase mit einer Tatze verbargen oder mit Schnee tarnten, um beim Anschleichen an eine Robbe auf dem offenen Eis nicht entdeckt zu werden. Andere Beobachter erzählen von Bären, die schwere Eisblöcke gleichsam als Werkzeug einsetzten, um die Winterhöhlen der Robben aufzubrechen. Dr. Charles Jonkel, dessen bedeutende Forschungen speziell den Eisbären in Manitoba galten, beobachtete einst einen Bären, der einen großen flachen Stein 30 m weit über den Boden schob und ihn dann vorsichtig auf dem Auslöser einer Bärenfalle zurechtrückte. Nachdem die Falle zugeschnappt war, fraß er gemütlich den Köder.

Der Geruchssinn des Eisbären ist so hoch entwickelt, daß er eine viele Kilometer weit entfernte Beute wittern kann.

FRESSGEWOHNHEITEN

Während alle anderen Bärenarten Allesfresser sind, ernährt sich der Eisbär fast ausschließlich von Fleisch. Seine Nahrung besteht größtenteils aus Meeressäugern wie Ringelrobben, dem häufigsten großen Säugetier der arktischen Region, Bartrobben und Walrossen. Daneben frißt er auch Tierkadaver, darunter gestrandete Wale, Fische und Krabben. Beobachter berichten von bis zu 100 Bären, die gemeinsam an einem toten Wal fraßen.

In der weiten Eiswüste kommt der Eisbär wochenlang ohne Nahrung aus und zehrt dann von seinen Fettreserven, bis er eine Robbe erlegen kann. Sein riesiger Magen ermöglicht es ihm, jeden gelungenen Fang voll auszunutzen, wobei er bis zu 70 kg während einer Mahlzeit fressen kann. Um sein Körpergewicht zu halten, muß er allerdings im Durchschnitt alle fünf bis sechs Tage eine Robbe erlegen.

Wenn die Eisschmelze im Sommer die Bären zum Festland treibt, suchen sie die Küste nach Nahrung ab. Hier fressen sie Vogelküken, Nagetiere, Rentiere und Eier – praktisch alles Genießbare, darunter auch Pflanzen und Beeren. Da die Zivilisation längst bis zur Arktis vorgedrungen ist, hat sich das Interesse der Bären auf solche „Delikatessen" wie Schinken, Käse, Maschinenöl, Gummistiefel und Sitze von Schneepflügen ausgeweitet.

Obwohl der Eisbär im Sommer ein erheblich größeres Nahrungsangebot findet, nimmt sein Körpergewicht in dieser Zeit ab. Leckerbissen wie Fisch oder Schneehasen schmecken zwar gut, bieten aber wenig Energie für ein Tier dieser Körpergröße. Im Sommer und frühen Herbst zehrt der Eisbär vor allem von seinen Fettreserven und verliert dabei langsam an Gewicht, bevor er während der winterlichen Robbenjagd die Differenz wieder ausgleicht.

Eine beliebte Jagdmethode besteht darin, im Eis das Atemloch einer Robbe zu suchen und dort geduldig zu warten. Man hat beobachtet, daß Bären bis zu vierzehn Stunden bewegungslos neben einem Loch saßen. Sobald die Robbe die Nase zum Atmen durch die Öffnung steckt, springt der Bär hinzu, packt den Kopf mit den Krallen und tötet die Beute. Mit einer unglaublichen Kraft erhebt sich der Bär, und zieht das Tier aus dem Loch. Eine ausgewachsene Robbe kann bis 150 cm lang sein und 40 bis 100 kg wiegen. Manchmal ist das Atemloch nur 20 bis 25 cm breit, während die Robbe einen Durchmesser von 60 cm hat. Beim Herausziehen der Beute durch ein so kleines Loch bleibt nur noch ein Klumpen aus zerbrochenen Knochen, Blut und Eingeweiden übrig.

Was der Eisbär an Freßbarem zurückläßt, wird sofort von Eisfüchsen, Möwen, Kolkraben oder anderen Eisbären verwertet. Im Winter begleitet ihn zuweilen ein regelrechtes Gefolge von Eisfüchsen und Kolkraben, die ihm Hunderte Kilometer weit ins Eis folgen, wo ihr Überleben völlig von den Überresten seiner Mahlzeit abhängt. Gelegentlich kommt es vor, daß ein Eisbär einen Eisfuchs tötet, der sich zu nahe herangewagt hat.

Eine andere Jagdmethode besteht im Anschleichen an ruhende Robben. Auf dem Eis liegende Robben sind allerdings besonders wachsam, bleiben in unmittelbarer Nähe des Wassers und erheben zwischen kurzen Ruhepausen alle zwanzig bis dreißig Sekunden die Köpfe, um sich umzuschauen. Wenn sie ihren Kopf senken, schleicht der Eisbär ein paar Schritte vorwärts, um sofort in seinen Bewegungen zu erstarren, sobald die Köpfe sich wieder erheben. Das Anschleichen geht schließlich in eine wilde Hetzjagd über, wenn der Bär plötzlich losspringt und versucht, eines der Tiere noch zu packen, bevor es ins Wasser entkommen kann. Einige Beobachter behaupten, daß der Eisbär aus unerfindlichen Gründen immer die linke Pranke benutzt, um eine Robbe zu töten.

Bisweilen versucht der Eisbär, sich einer Robbe schwimmend zu nähern. Ist er unbemerkt nahe genug herangekommen, taucht er bis zur betreffenden Eiskante, um dann urplötzlich aus dem Wasser emporzuschießen und ihr so den Fluchtweg abzuschneiden.

Im Frühjahr machen neugeborene Robben etwa die Hälfte aller erbeuteten Tiere aus. Im Spätwinter, wenn die Atemlöcher hoch mit Schnee bedeckt sind, graben Robben eine Art „Iglu" oberhalb des Loches, um dort zu ruhen und ihre Jungen zur Welt zu bringen. Ein Eisbär kann die Lage des Atemlochs genau lokalisieren. Beim Einbrechen durch die Schneedecke einer Höhle landet er in aller Regel genau an dieser Stelle. Wenn er das Loch schnell genug blockieren kann, so ist ihm eine reiche Mahlzeit sicher, doch dies gelingt ihm nur in etwa 15 Prozent der Fälle. Der Jagderfolg der Eisbären ist individuell sehr unterschiedlich und hängt auch von den Eisbedingungen und der Jahreszeit ab.

Während eines Polarsturms legt sich der Eisbär in den kärglichen Schutz einer Schneewehe.

ÜBERWINTERUNG

Obwohl Eisbären sich durchaus für kurze Zeit eine geschützte Lagerstätte herrichten, um schwere Eisstürme abzuwarten, legen in der Regel doch nur tragende Weibchen eine längere winterliche Ruhepause ein; die restlichen Bären bleiben, wenn auch in reduzierter Form, wach und aktiv. Dieses Verhalten wird „walking hibernation" genannt.

Während der Überwinterung decken Eisbären ihren Energie- und Wasserbedarf durch Umwandlung ihrer Fettreserven. Der Tagesbedarf eines 200 kg schweren Eisbären entspricht etwa 0,9 kg Robbenfett oder 4187 Kcal. „Würde ein Eisbär bei einer Temperatur von −45 bis −51 °C viel Eiweiß zu sich nehmen", meint Dr. Jonkel, „so würde er viel Wasser benötigen, um den entstehenden Stickstoff abzuführen. Dafür müßte er Schnee fressen. Indem er aber hauptsächlich Robbenfett frißt, umgeht er diese Notwendigkeit." Einige Wissenschaftler gehen auch davon aus, daß der Eisbär in der Lage ist, seinen Stoffwechsel im Sommer und Winter jeweils umzustellen.

Die Überwinterungsplätze werden zwischen Mitte Oktober und Anfang November bezogen. Die Höhlen der Weibchen werden in häufig nach Süden ausgerichtete Schneebänke gegraben und können maximal 2,5 x 3 x 1 m messen. Sie sind zumeist oval geformt und besitzen einen Eingangstunnel. Aufgrund der hohen Isolierfähigkeit des Schnees und der Körperwärme des Eisbären kann die Innentemperatur der Höhle auch bei starkem Frost auf 4 °C ansteigen.

Mindestens 17 Gebiete des Polarkreises sind als Überwinterungsplätze von Eisbären bekannt. Eines der größten wurde 1969 von Dr. Jonkel in einer Wald- und Seenlandschaft 64 km südlich von Churchill, Manitoba, gefunden. Die kanadische Provinz Ontario wies über 15 000 km² des Überwinterungsgebietes Cape Henrietta Maria als Eisbärenreservat aus.

Die Schneedecke über der Höhle kann durch drehende Winde abgetragen oder sogar durchlöchert werden; das macht die Behausung unbrauchbar. In diesem Fall wird das Weibchen eine neue graben oder kurzzeitig eine verlassene Höhle beziehen. In schneearmen Jahren werden häufiger Kurzzeithöhlen benutzt. Der Polarforscher Steve Amstrup aus Alaska entdeckte kürzlich, daß Eisbären in der Beaufortsee zur Überwinterung nicht mehr an das Festland kommen, sondern inzwischen auf den dicken Eisschollen weit vor der Küste bleiben. Man nimmt an, daß sie durch die verstärkt eingesetzten Schneefahrzeuge und die Jagd entlang der Küste vertrieben wurden.

Einzigartig sind die Sommerhöhlen der Bären in der Umgebung von Churchill. Sie werden in den Dauerfrostboden der Tundralandschaft gegraben und dienen der Abkühlung bei Überhitzung. Diese Bären schlummern den ganzen Sommer über auf dem eisigen Boden und verbrauchen so ein Minimum an Energie. Einige dieser Sommerhöhlen werden allem Anschein nach schon seit Hunderten von Jahren benutzt.

FORTPFLANZUNG

Ihre ersten Jungen bekommen die Weibchen meistens im fünften oder sechsten Lebensjahr. Die Paarung findet Ende März und Mitte Juli auf dem Packeis statt. Häufig wird ein Weibchen während ihrer etwa drei Wochen andauernden Paarungsbereitschaft von einem ganzen Rudel wetteifernder Freier verfolgt. Nach der Befruchtung teilt sich das Ei mehrmals und schwimmt in diesem Zustand frei im Uterus, um sich erst im September in der Uteruswand einzunisten und zu entwickeln.

Vor der Überwinterung setzen Weibchen besonders viel Fett an. Sie beziehen die Höhle im Oktober oder November und bringen im Dezember oder Januar ein bis vier Junge (zumeist zwei) zur Welt. Die igluähnliche Höhle bietet lebenswichtigen Schutz vor Kälte. Die blind und hilflos zur Welt gekommenen Jungen, kaum größer als Meerschweinchen, wiegen nur etwa 0,6 kg. Es werden etwa gleich viel Männchen wie Weibchen geboren. Bis Ende März oder April bleiben die Jungen in der Höhle, wo sie aufgrund der reichhaltigen, fetten Muttermilch schnell heranwachsen. Das Eisbärenweibchen besitzt vier Zitzen.

Wenn das Licht der länger werdenden Tage die Familie aus ihrer Höhle lockt, sind die Jungen bereits 10 bis 15 kg schwer. In nur zwei Monaten haben sie ein 25faches ihres Geburtsgewichtes erreicht. Anfänglich bleiben die Jungen am Eingang der Höhle, spielen und machen sich mit ihrer Umwelt vertraut. Beim kleinsten Anzeichen von Gefahr zieht sich die ganze Familie in ihre Behausung zurück. Erst wenn die Jungen stark genug sind, ihrer Mutter über die Weite der frostigen Tundra und auf das ewige Eis zu folgen, wird die Höhle endgültig verlassen. Bis zu diesem Zeitpunkt hat das Weibchen nur von seinen Fettreserven gezehrt, ist stark abgemagert und sehr hungrig auf Robbenfleisch. Hat sie die erste Robbe erbeutet, so frißt sie sofort die energiespendende Speckschicht und die Haut des Beutetieres.

Bis zum Alter von fast zwei Jahren werden die Jungen noch sechsmal am Tag etwa 15 Minuten lang gesäugt. Bevor sich die Bärin dazu niederläßt, gräbt sie meist eine Mulde aus, in die sie sich hineinlegt. Häufig liegt sie beim Säugen auf dem Rücken, mit den Jungen auf ihrem Bauch; zuweilen setzt sie sich auch, nach vorn gebeugt, hin.

Im ersten Sommer ihres Lebens lernen die Jungen zu jagen, und schon ab Juli sind Robbenblut und Fett für sie ein Leckerbissen. Sie folgen ihrer Mutter überall hin, und wenn sie schwimmt, reiten sie auf ihrem Rücken.

Im August wiegen die Jungen über 45 kg, sind jedoch noch immer von

Sogar erwachsene Bären zeigen manchmal Verhaltensweisen, die man nur als Spiel interpretieren kann.

ihrer Mutter abhängig und werden noch ein bis zwei Winter mit ihr zusammen in der Höhle verbringen. Die Familie trennt sich in der Regel, wenn die Jungen 24 bis 28 Monate alt sind, doch bleibt sie manchmal noch einen vierten Winter zusammen.

Wenn sie sich von der Mutter getrennt haben, wandern die halbwüchsigen Jungbären völlig auf sich allein gestellt umher. Manche Geschwister bleiben noch eine Zeitlang beisammen, bis sie schließlich ihrer Wege ziehen. Die Sterberate der unerfahrenen Jungbären ist in den ersten beiden Jahren ihres Alleinseins sehr hoch, doch haben die an der nahrungsreichen Hudsonbai entwöhnten Tiere eine gute Überlebenschance. Weibchen sind mit etwa fünf Jahren ausgewachsen, Männchen im Alter von acht bis zehn Jahren.

Gewöhnlich wirft eine Eisbärin alle drei bis vier Jahre Junge; unter günstigen Bedingungen aber, wie an der Westküste der Hudsonbai, bringen 40 Prozent der Weibchen alle zwei Jahre Junge zur Welt. Neuere Studien haben ergeben, daß unter extremen Verhältnissen in anderen arktischen Regionen ein Weibchen manchmal nur ein bis zweimal in seinem Leben Junge bekommt.

DAS REICH DES WANDERNDEN BÄREN

Eisbären streifen an allen arktischen Küsten der Erde umher: in der Sowjetunion, Norwegen, Grönland, Kanada und den Vereinigten Staaten. Bis vor kurzem nahm man an, daß Eisbären ziellos durch die arktischen Regionen ziehen, so daß ein Tier aus der Sowjetunion, sozusagen dem Polarkreis folgend, auch irgendwann nach Nordkanada und Alaska gelangen würde.

Heute weiß man, daß Eisbären trotz ihrer Verbreitung rings um die Arktis ihr Leben lang in einer bestimmten geographischen Region bleiben. Gleichwohl wandern die Tiere sehr weit. In einem Jahr kann ein Eisbär ein Gebiet von 50 000 km² durchstreifen.

Die Nordpolkappe und der zentrale Bereich des Eismeeres, das den Nordpol umschließt, sind von ewigem Eis bedeckt. Am Rande des Eismeeres, in der jährlich aufbrechenden Treibeiszone, lebt der Eisbär. Auch wenn man Fußspuren von Eisbären in zwei Grad nördlicher Breite gefunden hat, liegt dort nicht sein normaler Lebensraum, da so weit nördlich kaum noch Robben oder andere Beutetiere vorkommen.

Die Lebensräume der Eisbären und Robben werden vom steten Wechsel von Eisbildung und Eisschmelze beeinflußt. Entlang der Südgrenze des Polarmeeres gibt es etwa sechs verschiedene Populationszentren, die von der Drift des Packeises bestimmt werden: Westliches Alaska und Wrangelinsel, Nordalaska, die arktischen Inseln Kanadas, Grönland, Svalbard-Franz-Josef-Land und mittleres Nordsibirien. Eine kleine, von anderen getrennte Population lebt an der Hudsonbai und der Jamesbai in Kanada, dem südlichsten Verbreitungsgebiet, das Eisbären haben.

Die Bären der Arktis folgen im Winter dem Eis, das sich nach Süden ausdehnt, und ziehen im Sommer, wenn das Eis schmilzt, wieder nach Norden. Diese Grundregel hat jedoch zahlreiche Ausnahmen. Viele der Bären Nordkanadas verbringen zum Beispiel den Sommer an der Küste, anstatt mit der Eisschmelze nach Norden zu ziehen. Entlang der Hudsonbai wandern die Bären landeinwärts und ziehen sich bei warmer Witterung in Mulden oder in Höhlen zurück, die sie in den Frostboden graben.

Obwohl Eisbären auf dem Festland grundsätzlich in Küstennähe bleiben, wurden einige Tiere bis zu 160 km landeinwärts beobachtet. Bei der Einnahme des jeweiligen Lebensraumes scheint die Hierarchie der Bären eine Rolle zu spielen. Alte Männchen sieht man oft an bevorzugten Plätzen in Küsten-

Links: Im Schutz der Bärin lernt das Junge schnell, was es zum Überleben im ewigen Eis benötigt.

Wenn der Bär sich auf den Hinterbeinen aufrichtet, wird sein Blickfeld erheblich erweitert. Dieser Eisbär wurde auf eine Erschütterung in 1,5 km Entfernung aufmerksam.

Den Sommer verbringen Eisbären in Küstennähe. Gelegentlich dringen einzelne Tiere bis 160 km weit ins Binnenland vor.

nähe, während Weibchen mit Jungen sich weiter landeinwärts aufhalten und junge Männchen oder einzelne Weibchen noch weiter vom Meer entfernt beobachtet werden.

RÜCKGANG UND SCHUTZ DES EISBÄREN

Eisbären wurden von jeher von Eskimos gejagt. Einen Eisbären zu töten, bedeutete Ehre, Felle, Fett und willkommene Vorräte. Viele tausend Jahre lang gab es kein Problem der Überjagung, denn die Bären waren viel zu kräftig und gefährlich und die Waffen der Menschen viel zu primitiv. Dann drangen europäische Forschungsreisende nach Westen und Norden vor. Seitdem auch Pelzhändler und Walfänger Anfang des 17. Jahrhunderts arktische Regionen erreichten, wurden immer mehr Eisbären getötet. In Viktorianischer Zeit wurden Eisbärenfelle als Bettvorleger zum Statussymbol. Abenteuerlustige und mit modernen Schußwaffen ausgerüstete „sportsmen" und Fallensteller töteten Tausende von Tieren, um die Nachfrage zu befriedigen. Um 1930 war die Zahl der Eisbären erschreckend zurückgegangen. Weitere dreißig Jahre kaum kontrollierter Jagd in der nördlichen Sowjetunion, in Skandinavien und entlang der Küste von Labrador brachte die Art an den Rand des Aussterbens. Auch in Alaska erlitt der Eisbär dasselbe Schicksal.

Besorgte Wissenschaftler erreichten schließlich, daß 1967 die fünf „Eisbärstaaten" einen Vertrag zum Schutz dieser Art ratifizierten. Norwegen und die Sowjetunion beschlossen, die Jagd ganz einzustellen. Die Vereinigten Staaten und Grönland (unter dänischer Verwaltung) begrenzten die Jagderlaubnis auf Jäger, deren Lebensunterhalt von ihr abhing. Da der Eisbär in Kanada nicht ernsthaft bedroht schien, wurde den Eskimos (Inuit) die traditionelle Eisbärenjagd, begrenzt auf jährlich 600 bis 700 Tiere, weiterhin erlaubt.

Heute scheint sich der Eisbär langsam zu erholen. Weltweit schätzt man die Population auf 20 000 bis 40 000 Tiere, wovon in Kanada etwa 15 000 leben, also schätzungsweise ein Drittel des Weltbestandes, die meisten im Norden der Northwest Territories. Auch wenn der Eisbär vor dem Aussterben bewahrt scheint, bleiben etliche Probleme bestehen. In Kanada dürfen sogenannte Sportjäger sich in die Jagdrechte der Eskimos „einkaufen", wobei sie bis zu 15 000 kanadische Dollar für eine 12-Tages-Jagd bezahlen. Die Gebühr wird unter den Führern, Helfern und der Gemeinde aufgeteilt. Diese Jagdpacht und der Erlös, den die Eskimos beim Verkauf der Felle erzielen, ist für viele Siedlungen zu einer wichtigen Einnahmequelle geworden. In einigen Regionen wurden die Abschußquoten möglicherweise jedoch zu hoch angesetzt. Der kanadische Bärenspezialist Mitch Taylor erklärt seine Befürchtung:

Das Problem ist heute allgemein bekannt. Die Inuit, die Bären jagen, verhalten sich kooperativ und in Übereinstimmung mit unseren Schutzprogrammen. Wenn wir eine Reduzierung der Abschußquoten vorschlagen, werden sie natürlich an einer Regelung interessiert sein, bei der sie nicht benachteiligt werden. Ich sehe aber ernste Schutzprobleme auf uns zukommen. In manchen Regionen nähern sich Populationen dem Nullpunkt, da sie in den letzten 10 bis 15 Jahren zu stark bejagt wurden. Eisbären können solche Verluste nur in sehr geringem Maße ausgleichen. In jedem Jahr dürfen nur 1,5 Prozent der erwachsenen Weibchen geschossen werden – wenn man mehr Tiere schießt, geht die Population zurück. Das Problem aber ist, daß die allmähliche Abnahme erst wahrgenommen wird, wenn die Zahl der erbeuteten Tiere zurückgeht, doch dann hat sich der Rückgang schon rapide vollzogen.

Ursprünglich richteten sich die Abschußquoten in Kanada zum Teil nach der Anzahl der von der Hudson's Bay Company registrierten Felle. Sie gaben zunächst einen Anhaltspunkt, wie viele Eisbären pro Jahr in welchem Gebiet erlegt wurden. „Was wir sicherlich tun müssen", erklärt Mitch Taylor, „ist unter anderem, alle Quoten neu festzulegen und sie nach den Zahlen auszurichten, die unserer Meinung nach eine Population überhaupt verkraften kann." Von einigen nördlichen Siedlungen wurde bereits ein Ausgleich für die Reduzierung der Jagdquoten gefordert.

In Alaska sind die Eisbären möglicherweise durch weit ernstere Gefahren bedroht. Hier dürfen die Eskimos so viele Eisbären schießen, wie sie wollen; auch eine Schonzeit gibt es nicht. Niemand weiß genau, wie viele Tiere getötet werden, da die Angaben der Jäger freiwillig sind. In einem Brief beschreibt einer meiner Freunde einen Zwischenfall in Kaktovik auf der Barter Insel:

Ein Grönlandwal war von Eskimos getötet, an Land gezogen und zerlegt worden. Sieben Eisbären wurden vom Fleisch, das in dem 300-Seelen-Dorf zum Trocknen hing, angelockt. Sie wurden von den Dorfbewohnern erschossen. Später erlitten weitere vier Tiere dasselbe Schicksal. Die Leute können hier wahllos so viele Eisbären schießen, wie sie wollen. Vor allem aus diesem Grund hat das Alaska Fish and Game Department beantragt, erneut die Zuständigkeit für Meeressäuger zu erhalten. Eisbären gelten nämlich als Meeressäugetiere.

Die Eisbären von Churchill

Gute Lebensbedingungen finden die Eisbären an der Westseite der Hudsonbai, wo man die Bären hervorragend beobachten kann. Die Hudsonbai ist eine riesige Meeresbucht von 1287 km Breite und 1609 km Länge, also zweimal so groß wie Texas. Wenn sie im Winter zufriert, halten sich die Bären in 60 bis 250 km Entfernung vom Land auf dem Eis auf, um entlang der offenen Wasserstellen nach Robben zu jagen. Im Frühjahr, wenn große Treibeisblöcke bis ans Südufer der Bai driften, lassen sich die Eisbären auf ihnen an Land treiben. Bis zum Juli zerstreuen sie sich entlang der Bucht landeinwärts und wandern im Spätsommer wieder nach Norden zur robbenreichen Küste, wobei sie bis zu 1400 km zurücklegen. Sie ziehen bis in den Nordwesten der Bai, wo sie im Spätherbst auf Frost und Eisbildung warten. Bis Mitte Oktober versammelt sich entlang des 160 km langen Küstenabschnittes zwischen den Flüssen Nelson und Churchill die mit 600 bis 1000 Tieren weltweit größte Ansammlung von Eisbären. Ganze Trupps von Bären, zumeist Männchen, sitzen dann auf den Landspitzen und Felsen, besonders bei Cape Churchill. Nach den ersten harten Novemberfrösten verteilen sie sich auf der dann zugefrorenen Bucht, um Robben zu jagen.

Mitten auf der Wanderroute der Eisbären liegt die Stadt Churchill mit 800 Einwohnern und Kanadas nördlichstem Tiefseehafen, in deren Umgebung man in jedem Herbst umherstreifende Bären beobachten kann. Vor zehn Jahren wurde hier zum Schutz der Einwohner ein Bärenalarmsystem eingerichtet, das plündernde Tiere verjagen soll. Alle Bewohner lernen von klein auf, wie man mit Bären umgeht und ihnen ausweicht. Tiere, die sich in direkter Nähe der Stadt aufhalten oder die Mülldeponien durchstöbern, werden eingefangen und isoliert gehalten, so daß sie sich während ihrer Gefangenschaft nicht an Menschen gewöhnen. Während dieser Zeit können sie baden, werden jedoch nicht gefüttert, da sie monatelang ohne Nahrung auskommen können. Sobald die Bucht zufriert, werden die etwa zwanzig bis

Warnschilder in der Umgebung von Churchill, Manitoba.

Mit Betäubungsmitteln ruhiggestellt, wird dieser Eisbär von Churchill hinaus auf die zugefrorene Hudsonbai geflogen, wo man ihn freilassen wird.

Bären, die sich in der Nähe von Siedlungen aufhalten, werden mit aufgesprühten Buchstaben markiert. Auf diese Weise kann man sie beobachten und unter Kontrolle halten. Beim nächsten Haarwechsel geht die Markierung allerdings verloren.

dreißig Tiere, die jedes Jahr in Gewahrsam genommen werden, betäubt, mit einem Hubschrauber herausgeflogen und weit von der Stadt entfernt wieder freigelassen. Es ist eine äußerst wirksame, aber auch kostspielige Alternative zum Abschießen plündernder Bären.

Die Einwohner von Churchill sind stolz auf ihre Bären und nennen ihre Stadt daher auch „Weltstadt der Eisbären". Jedes Jahr reisen Hunderte von Touristen nach Churchill, nur um Eisbären zu sehen, und von Ende September bis Mitte November sind die Unterkünfte regelmäßig ausgebucht. Vier Wochen lang bringen die Bären Churchill dann das große Geschäft.

Monströse Tundravehikel, die dem Tundraboden angeblich nicht schaden, transportieren ganze Ladungen begeisterter Touristen und Tierfotografen zu den wartenden Bären. Mit dem Zufrieren der Bucht und dem plötzlichen Verschwinden der Tiere findet die Saison ihr abruptes Ende.

Etwa 80 km südlich von Churchill steht der Forschungsturm Cape Churchill Research Tower. Als ich in dem abgelegenen Ort ankam, untersuchte dort Peter Clarkson, Leiter des Northwest Territories Department of Renewable Resources, gerade verschiedene Methoden, Bären zu vertreiben, ohne ihnen zu schaden. (Mehr über Abschreckung von Bären im letzten Kapitel dieses Buches). Meine Notizen enthalten eine Beschreibung der Aussicht, die sich vom 30 m hohen Bauwerk bot:

Neugierig untersucht der Eisbär einen Tundra-Buggy.

Die Landschaft ist wie ausgestorben, grau und flach ... der Blick reicht bis zum verschwommen flimmernden Horizont, der keine gerade Linie bildet ...

dies ist wohl der verlassenste Ort, den ich je gesehen habe. Die einzigen An-zeichen menschlicher Aktivität sind direkt am Turm zu sehen, kaum ein paar Schritte weit entfernt. Wir sind hier allein ... die einzige Bewegung, die wir wahrnehmen können, ist der Wind, unser ständiger Begleiter. Meine Augen tränen vor lauter Anstrengung, in dieser Einöde etwas zu entdecken. Und dann ist der Augenblick da ... wie geisterhaft erscheint plötzlich der weiße Bär, der sich lautlos und gleichmäßig durch die kies- und eisbedeckte Land-schaft bewegt.

Während meines Aufenthaltes draußen am Turm fror die Hudsonbai zu. Es war ein unvergeßliches Erlebnis. Eine Woche lang sanken Tag für Tag die Temperaturen, und der Wind wurde stärker. Mit dem Temperatursturz und dem eisigen Sturm fror die Wasseroberfläche zu, doch rissen Wind und Wel-len die Eisdecke immer wieder auf. Die Temperatur fiel auf weit unter −50 °C. Ich bekam eine Erkältung, und wir verbrauchten den größten Teil unserer Heizvorräte. Da der Hubschrauber bei dem stürmischen Wetter keine Ver-sorgungsmittel bringen konnte, blieb uns nichts anderes übrig, als zu warten und den Sturm auszusitzen.

Während ich wieder einmal mühselig von der Bodenstation zum Turm hinaufkletterte, erfror ich mir die Nase. Da die Kälte uns bis in die Knochen drang, hockten wir uns abwechselnd über einen Ölofen, der jedoch nicht

Vom schützenden Tundra-Buggy aus erleben Touristen aufgeregt ihren ersten Eis-bären. Jedes Jahr reisen Hunderte von Besuchern nach Churchill, um die Tiere auf ihren Wanderungen zur Hudsonbai zu beobachten.

richtig funktionierte und bisweilen keinen Funken Wärme von sich gab. Als das Funkgerät ausfiel, hörte der Spaß endlich auf, und es wurde bitterer Ernst. Ich wünschte, ich wäre mit den Touristen in der Stadt geblieben und hätte mich nicht auf dieses Abenteuer eingelassen. Es war fast schon dunkel, als das Ächzen des vom Sturm gebeutelten Turmes durch das Geräusch eines Hubschraubers übertönt wurde. Steve Miller, unser Pilot, hatte einen windstillen Moment zum Starten abgepaßt, um uns Heizmaterial und Lebensmittel zu bringen und mich zurück in die Zivilisation zu fliegen.

Der Eissturm war einer der kältesten in Churchills Geschichte gewesen. Während der Nacht beruhigte sich das Wetter, und am nächsten sonnigen Morgen fror die Hudsonbai fest zu. Trotz meiner Erkältung war ich vom Wandel, der sich draußen vollzogen hatte, so fasziniert, daß ich eine Strecke weit über das Eis lief. Steve Miller, der mit dem Hubschrauber die Küste abflog, erzählte später, daß er beobachten konnte, wie die Eisbären sich auf der Hudsonbai verteilten. Um 13 Uhr war am Festland weit und breit kein einziger Bär mehr zu sehen.

EISBÄREN ALS FREUNDE UND SPIELGEFÄHRTEN

Das Bild, das wir uns vom einzelgängerischen Eisbären machen, der allein durch die weite Eiswüste des Nordens streift, ist nicht ganz richtig. Manchmal gehen zwei Bären, meistens Männchen, eine Art Freundschaft ein, die Wochen oder gar Jahre dauern kann.

„Zuweilen sind es zwei oder drei große Jungs", sagt der Bärenforscher Mitch Taylor.

Gelegentlich haben sie einen halbwüchsigen Jungbären dabei. Niemand weiß, wie lange diese sozialen Bindungen halten. Werden sie mit dem Hubschrauber gejagt, bleiben sie beieinander wie eine Bärenmutter bei ihren Jungen. Wenn wir einen von ihnen betäuben, um ihn mit einem Sender auszustatten, kommt manchmal der andere herbei, leckt die Füße seines Gefährten und legt sich zu ihm.

Eisbären-Freunde raufen sich im Schnee. Über Entstehung und Dauer solcher Bindungen ist bis heute nicht viel bekannt.

Solche Bärenfreunde fressen und wandern gemeinsam und bilden sogar „Spielgruppen". In aller Regel spielen nur wohlgenährte, fette Bären. In seinem Artikel „How Polar Bears Break the Ice" in der Zeitschrift *Natural History* beschrieb Fred Bruemmer 1984 anschaulich ihr Spielverhalten:

Wenn ein Bär spielen will, nähert er sich langsam einem geeigneten Männchen, und ein Riesenmenuett in Zeitlupe beginnt. Sie umkreisen und beschnüffeln sich mit gesenktem Kopf, geschlossenem Maul und ohne sich anzuschauen, bewegen sich still und bringen durch Gestik und Haltung ihre friedfertigen Absichten und ihren gegenseitigen Respekt zum Ausdruck ... Ihre nun weit geöffneten Mäuler greifen ineinander oder sie beißen sich sanft in den Nacken, wie Pferde es tun. Einer legt seine ... Tatze auf die Schulter des anderen, sie erheben sich auf die Hinterbeine, rangeln und drücken sich, verlieren die Balance und umklammern sich, taumeln und ringen. Einer purzelt zu Boden und liegt, die riesigen Tatzen in die Luft gestreckt, auf dem Rücken. Der andere wirft sich mit weit geöffnetem Maul auf ihn, sie tollen am Boden, stehen wieder auf und ringen weiter. Angesichts ihrer furchteinflößenden Kraft sind die Bären dabei bewundernswert zurückhaltend und extrem vorsichtig, um sich nicht zu verletzen. Jedes Kampfspiel dauert etwa fünfzehn Minuten ... Gegen Ende schnaufen sie so laut, daß man es noch 100 m weit hört. Erhitzt und erschöpft lassen sie voneinander ab und strecken sich im Schnee oder auf dem Eis aus – wie der berüchtigte Bettvorleger –, schlucken Schnee, um sich abzukühlen und ruhen eine Weile.

WEITERE FORSCHUNGEN

Die Ergebnisse der Eisbärenforschung werden allen an den Schutzprogrammen beteiligten Ländern zugänglich gemacht. Zu den gegenwärtigen Forschungsprojekten gehören die Radio-Telemetrie-Studien, bei denen die am Bärenkörper installierten Sender ihre Daten über Satellit übermitteln und so Auskunft über die Wanderungen der Tiere geben. Getestet wird zur Zeit Tetracyclin, ein Markierungsmittel, mit dessen Hilfe man feststellen kann, ob ein Tier zuvor schon einmal gefangen wurde. Wenn die Chemikalie in geringen Dosen injiziert wird, lagert sich ein winziger Teil der Substanz in den Knochen ab. Darüber hinaus werden Abschreckungsmethoden erprobt, die Eisbären von Menschen fernhalten sollen, ohne den Tieren Schaden zuzufügen.

Die Bärenpopulation von Franz-Josef-Land hat übrigens aufgrund der Schutzbemühungen Norwegens inzwischen wieder annähernd ihre ursprüngliche Größe erreicht.

Links: Nur durch internationale Forschungs- und Schutzprogramme kann der Eisbär auf Dauer überleben.

„TROPISCHE" BÄREN:

Malaien-, Lippen- und Brillenbären

Obwohl Bären normalerweise als Bewohner der nördlichen Halbkugel gelten, gibt es drei Arten, deren Verbreitungsgebiet nahe dem Äquator liegt. Zwei Arten, nämlich der Brillenbär und der Malaienbär, kommen sogar südlich des Äquators vor. Über die Lebensweise der tropischen Bären ist nur wenig bekannt, und das rührt sicherlich auch daher, daß Tierforschung für die relativ armen Länder, in denen diese Bären beheimatet sind, nicht vorrangig ist. Niemand wird die Bedeutung des Naturschutzes und der Wildtierforschung in Zweifel ziehen, doch die Regierungen in vielen Ländern der Dritten Welt haben einfach nicht genug Geld, um solche langfristigen Programme oder gar Freilandforschungen zu bezahlen. Aus diesem Grund finanzieren die internationale Naturschutzvereinigung IUCN und der ihr angegliederte World Wide Fund for Natur (WWF) vornehmlich Schutzprojekte in der Dritten Welt und übernehmen Rettungsprogramme für bedrohte Tierarten wie Orang-Utans, Pandabären, Tiger, Elefanten und Nashörner.

MALAIENBÄREN – DIE KLEINSTEN BÄREN DER WELT

Im Eifer, die bekannten Stars unter den Tieren zu retten, wurde dieser kleine, nur 45 kg schwere Bär schmählich übersehen. In den meisten Forschungsberichten wird er nicht einmal in einer Fußnote erwähnt, und was bislang über ihn publiziert wurde, würde mit Mühe gerade zwei Schreibmaschinenseiten füllen. Von der geringen Kenntnis dieser Tierart aufgeschreckt, setzte der IUCN 1978 den Malaienbären *(Helarctos malayanus)* auf die Rote Liste der bedrohten Tierarten.

Obwohl die Population des Malaienbären durch die Jagd stark zurückgegangen ist, findet man ihn noch in den Wäldern von Malaysia, Java, Sumatra,

Links: Junge Malaienbären scheinen Spaß am Klettern zu haben.

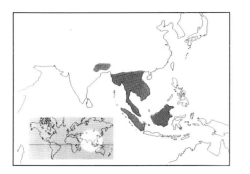

Birma und Thailand. Auf Borneo wurde er im Grenzgebiet von Sabah und Sarawak in 1500 m Höhe und auf dem Kinabalu in 2300 m Höhe nachgewiesen. 1983 führte Dr. John Paine vom WWF Populationsschätzungen der in Sabah lebenden Säugetiere durch. „Malaienbären waren selten", berichtet er. „Nur zweimal wurden Einzeltiere beobachtet und nur dreimal frische Spuren entdeckt ... ältere Kratzspuren haben wir jedoch in sechs Untersuchungsgebieten gefunden." Seiner Ansicht nach benötigt ein Malaienbär zum Überleben ein großes, durchgehendes Waldgebiet von mehr als 10 000 ha Fläche.

Um mehr über den Malaienbären herauszufinden, schickte ich Briefe und Fragebögen an Zoos und Wissenschaftler in aller Welt. Nach mehr als einem Jahr waren die Hinweise noch immer dürftig. „1960 wurden mehrere Malaienbären in Thailand gefangen und an Zoos verkauft", schrieb ein Informant. „Das waren die letzten Tiere, deren Gefangennahme mir bekannt wurde." Eine Woche später erhielt ich einen Brief vom WWF Data Center in Bangalore, Indien, in dem zu lesen stand, daß der Malaienbär auf dem indischen Subkontinent als ausgestorben gelte. Meine Hoffnungen, einmal Malaienbären beobachten und fotografieren zu können, schwanden dabei.

Eines Abends brachte mich ein überraschender Telefonanruf mit Zoologen zusammen, die kürzlich von Borneo zurückgekehrt waren. Einer von ihnen war von einem Malaienbären ins Bein gebissen worden als er gerade irgendwo stand und eine Landkarte las. Nach dem Biß verschwand der Bär ebenso schnell im Dschungel, wie er gekommen war.

In einigen Regionen Südostasiens gilt der Malaienbär als ebenso gefährlich wie ein aufgebrachter Elefant. Ich wußte also nicht, mit welcher Art von Tier wir es zu tun bekommen würden, sollten wir jemals eines im Freiland finden. Borneo schien der beste Ort zu sein, um die letzten Refugien des Malaienbären ausfindig zu machen, und so beschlossen der Fotograf Mark Newman und ich, dorthin zu reisen und ihn zu suchen.

Wir folgten dem Rat von Dr. Alan Rabinowitz von der New York Zoological Society und fuhren nach Sabah, dem nördlichsten Teil von Borneo. Er hatte Geschichten über Malaienbären in dieser Gegend gehört und sogar gesehen, daß sie dort als Haustiere gehalten wurden. Was wir bei unserer Ankunft vorfanden, war vielversprechend und entmutigend zugleich.

Die Situation in Sabah

Die Regierung von Malaysia (Sabah gehört zu Malaysia) war fortschrittlich genug, mehrere Nationalparks und Waldreservate auszuweisen. Auch der WWF unternahm Anstrengungen, den Orang-Utan dort vor dem Aussterben zu bewahren. Da der Malaienbär als bedrohte Art auf der Roten Liste steht, darf er in Malaysia wie auch sonst überall nicht mehr gejagt werden.

In Borneo und im restlichen Südostasien sind Naturschutzgesetze jedoch nicht immer durchsetzbar. Seit ewigen Zeiten wird in diesen Regionen gewildert, so auch heute noch. Die meisten Bären kommen auf illegale Weise in Gefangenschaft: Die Bärenmütter werden erschossen und die Jungen als Haustiere verkauft. Die wenigen Wildhüter Borneos versuchen zwar, gegen die Wilderer vorzugehen, doch können sie mit den für die ganze Region Sabah zur Verfügung stehenden zwanzig Männern nur wenig ausrichten. Sabah ist etwa 70 000 km² groß.

Während wir von Dorf zu Dorf reisten, versuchten wir, mit so vielen Menschen wie möglich in Kontakt zu kommen. Da wir eine Menge Bier mitgebracht hatten, um der Informationsbereitschaft in Sachen Malaienbär nachzuhelfen, nannten wir unsere Aktion „Bierforschung". Erst als unser Ruf uns schon vorauseilte, begannen die Bewohner, uns zu vertrauen.

Das Problem der Wilderei

Nach dem Versprechen, daß wir niemanden an die Wildhüter verraten würden, wurden wir mit einem Wilderer bekannt gemacht, der bereit war, uns von seinen Jagdmethoden zu erzählen. Seine nüchtern dargelegten Geschichten machten deutlich, daß er an seinem Tun nichts Unrechtes fand.

Einen der Naturschätze Borneos stellen die riesigen tropischen Wälder dar. Um diesen Schatz zu heben, müssen die Bäume gefällt und aufbereitet werden. Ist in einer Region erst einmal mit dem Abholzen und dem Abtransport der Baumstämme begonnen worden, bieten die verbleibenden Transportwege den Wilderern bequemen Zugang. Eine verbreitete Methode ist es, mit einem kleinen Lastwagen eine solche Waldstraße bei Nacht entlangzufahren und die Umgebung dabei mit einem Scheinwerfer abzuleuchten." Trifft der Lichtschein auf ein Tier, so leuchten dessen reflektierende Augen dem schußbereit im Wagen sitzenden Jäger entgegen. Zudem ist ein solches Tier vom grellen Licht für einen Moment irritiert – lange genug, um mit einem Schuß getötet zu werden. Man zeigte uns die Ergebnisse eines solchen Jagdausflugs. Zu einem riesigen blutigen Haufen aufeinander gestapelt lagen da einige der seltensten und bezauberndsten Dschungeltiere der Welt, darunter zwei Nebelparder, ein Malaienbär und zwei Fleckenskunks.

Sony, unser Borneo-Bär

Während unseres Aufenthalts auf Borneo fanden wir neun Malaienbären, von denen sechs nicht einmal zwei Jahre alt waren. Allerdings befanden sich alle Tiere in Gefangenschaft, einige von ihnen wurden illegal als Haustiere gehalten. Wenn möglich, läßt die Regierung illegal gehaltene Vögel und Säugetiere beschlagnahmen und in abgelegenen Gegenden wieder aussetzen, in der Hoffnung, daß sie trotz ihrer Vertrautheit mit dem Menschen Wilderern nicht so leicht wieder zum Opfer fallen.

Dieser halbwüchsige Malaienbär muß nach anstrengendem Graben eine kurze Pause einlegen.

Junge Malaienbären sind als Haustiere sehr beliebt. Um die Jungtiere zu fangen, werden die Muttertiere meistens erschossen.

Dieser gefangene Malaienbär ist vollauf damit beschäftigt, das Honigglas auszuschlecken. Aufgrund ihrer Vorliebe für Süßes werden diese Tiere von den Einheimischen „Honigbären" genannt.

Einmal folgten wir einem kürzlich freigelassenen Malaienbären in den Dschungel, um ihn zu fotografieren und sein Verhalten in einer natürlichen Umgebung zu beobachten. Eine gute halbe Woche krochen wir, zumeist auf allen Vieren, hinter ihm her, während wir zugleich nach Blutegeln und Pythonschlangen Ausschau hielten. Der junge Bär, den wir „Sony" nannten, gewöhnte sich schnell an unsere Anwesenheit. Jeden Morgen folgten wir ihm auf einem Pfad ein Stück weiter in den Dschungel. Sony ignorierte uns bald und begann nach Nahrung zu suchen.

Malaienbären sind im Freiland extrem schwer zu beobachten. Sie sind selten und verhalten sich ausgesprochen vorsichtig. Meistens ist es schon dämmrig, wenn sie beginnen, ihr Revier systematisch nach allem Freßbaren abzusuchen: Früchte, Honig, Schnecken, Eier, Eidechsen, Nagetiere und Termiten. Die einzigen Anzeichen ihrer Anwesenheit sind häufig deutliche Krallenspuren an Bäumen.

Wir hatten Glück, daß wir Sony stundenlang bei der Nahrungssuche beobachten konnten. Das Bemerkenswerteste dabei war seine unglaubliche Geschwindigkeit. Im Gegensatz zu nördlichen Ökosystemen bietet ein Tropenwald kein Nahrungsangebot in auffällig konzentrierter Form. Ein anschauliches Beispiel für eine solche Nahrungskonzentration ist die Lachswanderung. Im Dschungel dagegen ist Nahrung spärlich über den ganzen Wald verteilt, und da herabgefallene Früchte oder Tierkadaver in der warmen und feuchten Witterung schnell zersetzt werden, ist die Chance, über ein reichhaltiges Festmahl zu stolpern, gering.

Um seine Chancen bei der Nahrungssuche zu verbessern, schlich Sony eilig den Dschungelboden entlang und machte immer nur kurz Halt, um einen Leckerbissen aufzulesen oder an einem gefällten Baumstamm herumzubeißen. Zwar neigen auch die Bären in den nördlichen Regionen dazu, ihre Futtersuche zu beschleunigen, doch sie legen dabei nicht dieses Tempo vor.

Körperliche Merkmale

Seinen englischen Namen „Sun Bear" verdankt der Malaienbär wohl dem gelblichen Halbmond auf der Brust. Diese Färbung variiert von Tier zu Tier und ist manchmal gar nicht vorhanden. In einigen Regionen wird der Malaienbär auch Honigbär („Honey Bear") genannt. Dieser kleinste aller Bären wiegt 27 bis 65 kg und wird nur etwa 140 cm groß. Wilde Malaienbären, die über 50 kg wiegen, gelten schon als große Tiere. Sein Fell besitzt kurze, dichte, schwarze Haare.

Die Farbe der glatten, kurzen Schnauze reicht von gräulich-weiß bis orange. Der Bär hat kleine, recht runde Augen und kleine, rundliche Ohren. Seine Füße sind mit langen, sichelförmigen Krallen versehen; die unbehaarten Sohlen haben einen grauen Farbton. Der Gang des Tieres wirkt wegen der kurzen O-Beine etwas unbeholfen. Wie die anderen Bären richtet er sich häufig auf den Hinterbeinen auf, um ein Objekt besser sehen zu können.

Verhalten des Malaienbären

Der Malaienbär gilt als das gefährlichste Tier, dem ein Mensch im Dschungel begegnen kann. Sein kräftiger Kiefer und die scharfen Krallen sind wirkungsvolle Waffen. Mir wurde von Einheimischen erzählt, daß sogar Tiger den Malaienbären meiden. Wird er von einem größeren Raubtier angegriffen und festgehalten, kann er sich immer noch herumdrehen und zurückbeißen, denn sein Fell sitzt relativ locker am Körper, und seine Beweglichkeit bleibt dementsprechend groß. Der Malaienbär steht ferner in dem Ruf, zu den Tieren zu gehören, die grundlos angreifen. Beim Angriff bellt er laut. Doch wahrscheinlich ist die Gefährlichkeit, die ihm, wie auch anderen Bären, nachgesagt wird, übertrieben. Junge Malaienbären sind besonders verspielt und daher als Haustiere sehr beliebt, bis sie zu groß werden. Sony war für mich das lebhafteste und bezauberndste Tier, dem ich je begegnet bin.

Malaienbären sind die kleinsten Bären und werden kaum größer als Hunde.

Häufig hinterlassen Malaienbären Kratz-spuren an Bäumen, die wahrscheinlich als Reviermarkierung dienen.

Als hervorragender Kletterer verbringt der gewöhnlich nachtaktive Bär die meiste Zeit des Tages auf Bäumen, wo er in 2 bis 7 m Höhe schläft oder sich sonnt. Man sagt, daß er seinen Schlafplatz auf einer kleinen Plattform aus abgebrochenen Ästen baut. Das Nest ähnelt dem des Orang-Utan, sitzt aber meist näher am Stamm und ist lockerer gebaut. Gelegentlich sieht man auch tagsüber Malaienbären, die häufig zu zweit am Boden nach Nahrung suchen.

Zur vielfältigen Nahrung gehören kleine Nagetiere, Eidechsen, Klein-vögel oder Insekten, einen Großteil bilden Bienen, Termiten und Regen-würmer. Außerdem fressen die Bären auch das an der Spitze sitzende „Herz" der Kokospalmen, die dadurch absterben. Auf diese Weise können Malaien-bären in Kokos-Plantagen großen Schaden anrichten. Es kommt vor, daß ein Bär Nacht für Nacht eine Plantage zum Fressen aufsucht, bis kein Baum mehr unbeschädigt ist. Da die Bären Honig besonders gerne mögen, kratzen sie auf der Suche nach Bienennestern Baumstämme auf und fressen den Honig mitsamt den Waben und Arbeitsbienen.

Junge Malaienbären saugen häufig an ihren Tatzen, während sie einen brummenden Ton von sich geben. Dieses Verhalten wurde als Zeichen für Zufriedenheit gedeutet, stellt jedoch eher eine Art Ersatzhandlung dar, ähn-lich dem Daumenlutschen bei Kindern. Erwachsene Tiere lassen zuweilen ein rauhes Grunzen und lautes Röhren vernehmen, das man mit den Lauten männlicher Orang-Utans verwechseln könnte. Bisher wurden keine Anzei-chen für einen Winterschlaf der Malaienbären beobachtet.

Fortpflanzung

Die Weibchen bekommen im dritten Lebensjahr zum ersten Mal Junge. Die Paarungsrituale, die zu jeder Jahreszeit stattfinden können, dauern zwischen zwei Tagen und einer Woche und beinhalten Bellen, Umarmungen, Schein-kämpfe, Kopfnicken und Küssen. Die Tragzeit dauert in der Regel 100 Tage. Man nimmt an, daß Malaienbären ihre zumeist zwei Jungen gut versteckt in dichter Vegetation am Boden zur Welt bringen.

Die winzigen, blinden und nackten Neugeborenen wiegen nur etwa 220 g. Zunächst ist ihre Haut fast durchsichtig. In den ersten zwei Wochen können sie noch nicht laufen, doch nach wenigen Monaten sind sie groß

In Windeseile gräbt ein Malaienbär in verfaultem Holz nach Nahrung.

Lichtungen wie diese, auf der ein Malaienbär Freßbares entdeckt hat, sind im Dschungel selten.

Beim Durchstöbern des Dschungelbodens frißt der Malaienbär alles, was genießbar ist.

Im Dämmerlicht des Dschungels, weit unterhalb der Baumkronen, zerrt ein Malaienbär an einem umgestürzten Stamm.

genug, um herumzutollen und zu spielen, und werden wahrscheinlich schon nach kurzer Zeit von der Mutter entwöhnt. Bis sie fast ausgewachsen sind, bleiben die Jungen normalerweise in der Nähe der Mutter. Einige Berichte lassen darauf schließen, daß Malaienbären monogame Paare bilden.

Die Zukunft der Bären Borneos

Durch extensive Abholzung werden die Wälder Borneos in immer kleinere Parzellen geteilt, was möglicherweise auch das Klima dieser Region verändern wird. Lange Dürreperioden haben den Regenwald an manchen Stellen so stark ausgetrocknet, daß Brandgefahr besteht. Im zentral gelegenen Kalimantan loderte ein verheerender Waldbrand fast ein Jahr lang. Sogar in Sabah sind Buschfeuer in den letzten Jahren eine alltägliche Erscheinung.

Als Mark und ich zum Flughafen von Sabah fuhren, immerhin um die Erfahrung bereichert, daß der Malaienbär zumindest noch nicht ausgestorben ist, fiel mein Blick auf die Titelzeilen der englischen Ausgabe einer malaysischen Tageszeitung. Stolz verkündeten die schwarzen Lettern: „Holzboom wieder da! Holzpreise in Sabah um 50 Prozent gestiegen. Exporte steigen". Schlechte Aussichten für den Regenwald und seine Bären.

Eine Ermunterung

Zu Hause angekommen fand ich im Postberg, der sich während meiner langen Abwesenheit aufgetürmt hatte, einen zerknitterten Briefumschlag mit dem Absender „Zoological Survey of India". In dem Brief schrieb der Tierforscher und Naturschützer S. M. Ali:

Wie im Januar und Februar 1987 festgestellt wurde, haben Malaienbären im Nordosten Indiens überlebt. In der Nähe des Blue Mountain im Chimtuipui District von Mizoram lebt eine Population von zufriedenstellender Größe. Weitere Beobachtungen ... belegen sein Vorkommen im Namdhapa Tiger Preserve bei Tirup im Unionsterritorium von Arunachal Pradesh. Auch in Manipur, Nagaland und Tripura wird mit seinem Vorkommen gerechnet.

Der Malaienbär wurde in Indien demnach wiederentdeckt.

Während der Fruchtreife finden Malaienbären auf Bäumen reichlich Nahrung.

LIPPENBÄREN: LEBHAFTE BEWOHNER SÜDOSTASIENS

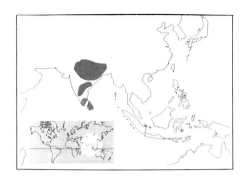

Gegen Ende des 18. Jahrhunderts wurden die ersten Felle des Lippenbären nach Europa eingeführt. Den von Großwildjägern in Indien erbeuteten Fellen waren Beschreibungen der Tiere beigefügt, wonach sie eine stumpfe Schnauze besaßen und im Dschungel stundenlang mit dem Kopf nach unten an Bäumen hängen konnten. Auch wurde ihnen nachgesagt, daß ihre Rufe wie das Weinen von Kindern klangen.

Dr. George Shaw vom Britischen Museum ordnete das Tier, unter dem Einfluß jener Beschreibungen und aufgrund der langen gebogenen Krallen, als Faultier ein. Als jedoch 1810 ein lebendes Tier in Paris gezeigt wurde, erkannte man, daß es sich nicht um ein Faultier, sondern um einen Bären handelte, und noch dazu einen sehr lebhaften. Der ursprüngliche englische Name „Bear sloth" (Bärenfaultier) wurde zu „sloth bear" (Faultierbär) umgedreht, und bei diesem Namen blieb es.

Der „bärenunähnliche" Bär

Der Lippenbär *(Melursus ursinus)* besitzt ein langes, struppiges, schwarzes Fell; auf der Brust befindet sich ein auffälliges, winkelartiges, weißes oder gelbes Zeichen in Form eines V oder Y. Die Fellhaare sind besonders am unteren Nacken und zwischen den Schultern länger als bei anderen Bären und bilden eine Art Mähne. Bauch und Beine sind nur dünn behaart.

Seine lange, schmutzig-weiße oder graue Schnauze ist mit weit vorstreckbaren Lippen und schließbaren Nasenlöchern ausgestattet; er besitzt keine Vorderzähne, und der Gaumenknochen ist hohl. Somit hat sich der Bär den speziellen Bedingungen seines Lebensraumes angepaßt; er ist in der Lage, mit seinen Lippen ein Vakuum zu erzeugen, um Termiten, seine vorrangige Nahrung, aus ihren Bauten aufzusaugen. Die kurze Behaarung der Schnauze ist wahrscheinlich ebenfalls ein Merkmal der Anpassung; sie schützt ihn vor dem klebrigen Abwehrsekret der Termiten.

Die Füße sind mit weißen, stumpfen, gebogenen und bis zu 7,6 cm langen Krallen versehen. Die Sohlen und die Zehenballen sind unbehaart. Lippenbären werden 180 cm lang und erreichen eine Schulterhöhe von 90 cm. Der Schwanz ist zwischen 16 und 18 cm lang. Die Männchen können bis zu 136 kg wiegen, während die Weibchen in der Regel kleiner sind.

Population und Verbreitung

Die Zahl der Lippenbären wird weltweit auf 7000 bis 10 000 Tiere geschätzt. Sie leben in den Waldgebieten von Sri Lanka und auf dem indischen Subkontinent; im Norden bis an den Rand des Himalaya und im Osten bis Assam, ferner im Chitwan Nationalpark von Nepal. Innerhalb seines Verbreitungsgebietes bewohnt der Lippenbär verschiedenste Waldtypen, vom Dornenwald Nordindiens bis zum feuchten Tropenwald im Süden des Landes. Die noch vor zwei Jahrzehnten weit verbreitete Bärenart scheint in den meisten Regionen im Bestand rapide abzunehmen. Für den Rückgang sind vor allem großflächige Abholzungen und das Ausräumen der Landschaft verantwortlich.

„Gesprächige" Bären

Lippenbären sind vor allem nachtaktiv, können aber auch zu jeder anderen Tageszeit aktiv sein. Sie bewegen sich normalerweise langsam in einer Art

Links: Lippenbären schlafen gerne in der Mittagshitze.

Watschelgang, verfallen aber bei Gefahr in einen Galopp und sind dann schneller als ein laufender Mensch. Obwohl sie exzellente Kletterer sind, flüchten sie bei Gefahr nicht auf Bäume.

Lippenbären sind zwar keine aggressiven Tiere, doch wenn man sie aus unmittelbarer Nähe überrascht, können sie gefährlich werden. Diese Tiere sind offensichtlich jeweils so sehr in ihr gegenwärtiges Tun vertieft, daß man nicht selten plötzlich über sie stolpert. Der überraschte Bär reagiert zumeist mit einem Scheinangriff, der mit einem Gebrüll endet, das er in aufrechter Pose vorträgt. Gelegentlich kann eine solche Begegnung auch dramatisch verlaufen und zu tragischen Ergebnissen führen, bevor der erschreckte Bär das Weite sucht.

Lippenbären sind offensichtlich sehr gesellige Tiere, die miteinander durch Grimassen und vielfältige Lautäußerungen wie Röhren, Heulen, Quieken, Kreischen, Rasseln und Gurgeln kommunizieren. Besonders stimmfreudig sind sie bei der Paarung. Beim Ausruhen summen und brummen sie vor sich hin und saugen dabei an einer Tatze. Große Hitze macht ihnen nichts aus, und häufig schlafen sie in der heißen Mittagssonne ein. Die Männchen markieren Bäume, indem sie mit ihren Vordertatzen am Stamm kratzen und ihre Flanken daran reiben. Mit diesem Verhalten wird möglicherweise paarungsbereiten Weibchen gezeigt, daß sich in der Nähe ein Männchen aufhält.

Trotz längerer Ruhepausen ist ein regelrechter Winterschlaf beim Lippenbären nicht bekannt. In Zoos dauern die Ruhepausen in der Regel von September bis Januar, wobei die Zeit der geringsten Aktivität im Dezember liegt. Frei lebende Bären ziehen sich angeblich während lang anhaltender Regenperioden in Höhlen zurück.

Linke Seite: Eine besondere Anpassung des Lippenbären an die ihm zur Verfügung stehende Nahrung sind die fehlenden Vorderzähne und der gewölbte Gaumen. Dadurch ist seine Schnauze zum Aufsaugen von Termiten perfekt ausgebildet.

Die Lippen sind besonders beweglich. Vor den Bissen der Ameisen und Termiten schützen den Bären die verschließbaren Nasenlöcher.

Nahrung

Die besonders angepaßte Schnauze macht den Lippenbären zum spezialisierten Termitenjäger. Termiten und Ameisenkolonien gehören zum reichen Nahrungsangebot der Tropen. Um an die Termiten heranzukommen, muß der Bär den harten Termitenhügel aufgraben. Ist die feste, tonartige Wand schließlich aufgebrochen, steckt der Bär seine Schnauze hinein und bläst kräftig Staub und Schmutz fort. Mit einer enormen Saugkraft zieht er sodann Termiten und Larven ein. Dieses ruckartige Saugen und Blasen ist noch 180 m weit zu hören.

Lippenbären sind geschickte Kletterer und erklimmen häufig Bäume, um Früchte herunterzuschütteln oder ein Bienennest zu plündern. Honig ist eine ihrer Lieblingsspeisen. In einem 1977 in der Londoner Zeitschrift *Journal of Zoology* erschienenen Artikel wird beschrieben, wie Lippenbären an den süßen Stoff gelangen:

Im März wurde viermal beobachtet, wie Bären Bienenwaben fraßen, die an den Astunterseiten hingen. Indem sie ihre Krallen wie Steigeisen einsetzen, können sie an Bäumen mit großem Durchmesser hinaufklettern. Beim Abstieg rutschen sie rückwärts hinab und nehmen dabei manchmal herabhängende Kletterpflanzen zu Hilfe. Einmal wurde beobachtet, wie ein Bär mit gespreizten Beinen auf einem waagerechten Ast saß und mit einer Tatze eine darunter hängende Bienenwabe aushob, wobei er regelmäßig die Bienen aus seinem Gesicht wischte.

Obwohl Lippenbären manchmal vor Schmerz schreien, wenn sie von wütenden Bienen gestochen werden, ziehen sie sich erst zurück, wenn sie die ganze Wabe gefressen haben. Neben Ameisen und Bienen fressen sie auch Beeren oder gelegentlich die Überreste einer Tigerbeute. Häufig plündern sie Zuckerrohr- und Maisfelder. Sie benötigen relativ viel Trinkwasser.

Zunächst werden Staub und Schmutz aus den Holzspalten geblasen, um danach Ameisen und Termiten einzusaugen.

Typisch für den Lippenbären ist das struppige, mähnenartige Fell. Seine langen Krallen sind zum Graben in harter Erde bestens geeignet.

Fortpflanzung

In Sri Lanka können Lippenbären das ganze Jahr über Junge bekommen. In Indien findet die Paarung von April bis Juni statt. Zu den Paarungsritualen, die sehr lärmend vonstatten gehen, gehören ausgeprägte Umarmungen und Scheinkämpfe.

Die Tragzeit dauert sechs bis sieben Monate. Da die meisten Jungen im Dezember auf die Welt kommen, findet beim Lippenbären möglicherweise ebenfalls eine verzögerte Eieinnistung statt. In der Regel werden zwei, manchmal auch drei Junge in einer Höhle oder geschützten Vertiefung unter einem Felsen geboren. Die blind geborenen Jungen öffnen ihre Augen erst nach drei Wochen, und im Alter von vier oder fünf Wochen verlassen sie die Geburtshöhle.

Die Bärenmutter trägt ihre Jungen bei der Nahrungssuche auf dem Rücken, wo sie sich im Fell festklammern und bei Gefahr ihr Gesicht darin vergraben. Jedes der Jungen hat einen ganz bestimmten Platz auf dem Rücken. Eines reitet zum Beispiel auf den Schultern, während das andere sich auf dem hinteren Teil des Rückens festhält. Wird diese Sitzverteilung aus Versehen verändert, so folgt meistens sofort ein heftiger Ringkampf um die Positionen.

Die männlichen Lippenbären verhalten sich den Jungen gegenüber ungewöhnlich freundlich. Es wurde sogar beobachtet, daß sie sich der Familie anschlossen. Indische Dorfbewohner meinen, daß das Männchen bei der Aufzucht der Jungen hilft. Von Wissenschaftlern wurden bislang jedoch nur Gemeinschaften von Mutter und Jungen beobachtet. Die Jungen bleiben bei der Mutter, bis sie zwei oder drei Jahre alt sind.

Die Zukunft des Lippenbären

In Indien gelten Lippenbären nicht als jagdbare Tierart. Meistens werden sie von Dorfbewohnern toleriert und nur dann getötet, wenn sie wiederholt die Felder plündern. Die hauptsächliche Bedrohung besteht demnach, wie bei den meisten Tieren, in der Zerstörung ihres Lebensraumes und dem Eindringen des Menschen in diesen.

BRILLENBÄREN: DER KURZSCHNAUZENBÄR SÜDAMERIKAS

Der Brillenbär *(Tremarctos ornatus)* ist heute die einzige Bärenart Südamerikas und einziger Überlebender der Unterfamilie der Kurzschnauzenbären, die in der letzten Eiszeit auf dem gesamten amerikanischen Kontinent lebten. Heute ist er nur noch in den Anden von Venezuela bis Chile zu finden.

Allgemeine Beschreibung

Seinen Namen erhielt der Bär wegen seiner hellen Augenringe, die an eine Brille erinnern können. Die gelblichbraunen Markierungen sind von Tier zu Tier verschieden und reichen manchmal von der Wangenpartie bis auf die Brust, oft aber bilden sie nur einen Halbkreis um die Augen. Das restliche Fell ist schwarz und wirkt etwas struppig.

Erwachsene Tiere wiegen zwischen 80 und 125 kg und erreichen eine Schulterhöhe von 76 cm. Die durchschnittliche Länge beträgt zwischen 1,5 und 2 m. Die größeren und robusteren Männchen können bis 175 kg wiegen und bis 2,2 m lang werden, den etwa 7 cm langen Schwanz nicht mitgerechnet. Brillenbären besitzen insgesamt 13 Rippenpaare, ein Paar weniger als andere Bären. Der verhältnismäßig große Schädel ist mit starken Zähnen und einem kräftigen Kiefer ausgestattet.

Verbreitung des Brillenbären

Das Verbreitungsgebiet der kleinen Populationen des Brillenbären reicht von den küstennahen Wüsten, die nur 180 m über dem Meeresspiegel liegen, bis zur Schneegrenze der Anden in 4200 m Höhe. Einige wenige Tiere leben noch auf der Westseite der Anden in Ecuador im Schutzgebiet Cayambe-Coca National Park. Die Bemühungen, den einzigen bekannten Wanderweg der Brillenbären zwischen den zentralen und östlichen Anden unter Schutz zu stellen, finden nach und nach Unterstützung. Ein vor kurzer Zeit gegründetes Komitee koordiniert die Regierungsmaßnahmen im historischen Schutzgebiet von Machu Picchu in Peru. Auf der Ostseite der Anden, wo ihr Lebensraum weniger durch die Zivilisation bedroht ist, scheint die Zahl der Bären größer zu sein.

Brillenbären wurden auch in Venezuela, Kolumbien und Bolivien beobachtet. Einige Forscher sind der Ansicht, daß auch in einigen entlegenen Regionen Panamas, Brasiliens und Argentiniens einzelne Bären überlebt haben könnten, doch gibt es dafür bislang keine Beweise.

Der Brillenbär und der Mensch

Die Inkas lebten einst problemlos mit dem Brillenbären zusammen, bis die Spanier kamen, die das Tier als ein Symbol des Machismo betrachteten. Im 19. Jahrhundert war es ein beliebter Sport, Brillenbären zu Pferde zu jagen und aufzuspießen. Nachdem man sie geschlachtet hatte, wurde ihr Blut getrunken, da die Jäger glaubten, auf diese Weise sich die Kraft des Bären einzuverleiben.

Heute ist der Brillenbär, auch Andenbär und *Ucumari* genannt, selten geworden und in den meisten Regionen vom Aussterben bedroht. Obwohl die Bestände schwer zu schätzen sind, geht man davon aus, daß möglicherweise nur noch etwa 2000 Bären in Freiheit leben. Einige Zoos beteiligen sich an koordinierten Zuchtprogrammen, um die etwa 100 in Gefangenschaft lebenden Bären zu vermehren.

Die Savannen, Wälder und flachen Berghänge, in denen der Brillenbär einst häufig anzutreffen war, sind vor langer Zeit zu landwirtschaftlichen Nutzflächen geworden. Nur noch wenige Bären überleben in abgelegenen, dichten Wäldern oder an steilen Hängen. Doch selbst in diese letzten unberührten Refugien dringen verstärkt Farmer ein, die von den Erträgen ihres ausgelaugten Ackerlandes längst nicht mehr leben können und daher immer mehr Waldland in Felder umwandeln und damit auch den Lebensraum des Brillenbären zerstören. Da die Tiere häufig in Maisfelder eindringen – in manchen Gegenden sollen sie bis zur Hälfte der Ernte vernichten – werden gelegentlich auch Schädlingsbekämpfungsmittel, die das giftige Parathion enthalten, eingesetzt, um sich der Bären zu entledigen. Auf diese Weise werden manchmal ganze Familienverbände der Tiere ausgerottet.

Brillenbären werden getötet, wo immer man sie entdeckt. Die Jäger haben inzwischen gemerkt, daß man mit den Tieren Geld verdienen kann. Eine Tatze kostet zum Beispiel zwischen 10 und 20 Dollar und ein Liter Bärenfett, ein Hausmittel gegen Arthritis, bis zu 6 Dollar. Schutzmaßnahmen sind extrem schwer durchzusetzen, da hierfür ein riesiges Gebiet kontrolliert werden müßte; zudem gibt es politische Hindernisse, die entsprechende Maßnahmen gegen Wilderer unmöglich machen.

Die Isolierung und Zersplitterung der verbleibenden Bärenpopulationen ist vor allem eine Folge der fortschreitenden Besiedelung des Landes durch den Menschen. Mit der Zeit könnte die Isolation zu Inzucht führen, die der genetischen Vielfalt des Brillenbären schaden würde. Nach Meinung des amerikanischen Forschers Bernie Peyton, der in den letzten Jahren bemüht

Seinen Namen erhielt der Brillenbär (siehe auch Seite 124) wegen der weißen Abzeichen, die seine Augen manchmal wie eine Brille umschließen.

war, Wissenschaftler auf den Brillenbären aufmerksam zu machen, sind Degenerierungserscheinungen bereits sichtbar. In den Wüstenregionen Perus, wo die Bären früher 200 kg wogen und zwei bis vier Junge zur Welt brachten, wiegen sie heute nur noch durchschnittlich 39 kg und werfen selten mehr als ein Junges.

Brillenbären sind exzellente Kletterer und verbringen viel Zeit auf Bäumen. Am Boden sind sie nicht weniger gewandt.

Nahrungssuche und Verhalten

Der Brillenbär lebt vegetarischer als die meisten anderen Bären. Neben Früchten, Zuckerrohr, Mais und Honig frißt er auch zahlreiche harte Pflanzenteile, die von den meisten Tieren nicht gekaut werden können. Dazu gehören zum Beispiel Palmblätter, die sich noch nicht geöffnet haben, Palmnüsse, Kakteen, Scheinknollen von Orchideen und Bromelien. In manchen, über 3000 m hoch gelegenen Regionen Venezuelas frißt er den weißen Innenteil der Stamm- und Blattwurzeln der *Puya aristiguietae,* einer kriechenden Bromelienart.

Die besten noch verbliebenen Lebensräume des Brillenbären liegen zwischen den niederen Dschungelwäldern mit ihren Fruchtbäumen und den Waldhochlagen. In dieser Mischzone verbringen die Bären die meiste Zeit des Jahres, erreichen aber gelegentlich Regionen oberhalb der Baumgrenze, wo sie sich von Beeren, Bromelien und Pflanzen der *Espeletia*-Familie ernähren.

Wie alle Bären nutzen auch sie jede sich bietende Gelegenheit, um konzentrierte, also tierische Nahrung aufzunehmen. Dazu gehören Kaninchen, Ameisen, Mäuse, Vögel, Lamas und Weidetiere. Zu bestimmten Jahreszeiten kann der Anteil tierischer Nahrung bis zu 7 Prozent ausmachen. Eini-

Unverkennbar ist das Kopfprofil des Brillenbären. Er ist der einzige noch lebende Vertreter der Kurzschnauzenbären.

ge Bären haben die Angewohnheit, ein- bis zweimal pro Woche eine Kuh zu erbeuten, – bis die verärgerten Farmer die Bären schließlich abschießen.

Im Gegensatz zu zahlreichen Erzählungen über ihren aggressiven Charakter sind Brillenbären eigentlich recht zurückhaltend. Bei ihren Wanderungen benutzen sie Bergrücken und steile Talschluchten und vermeiden Tallagen, um dem Menschen aus dem Weg zu gehen. Während seiner siebenjährigen Suche nach diesen Bären bekam Bernie Peyton nur acht Tiere zu sehen. Auf ihren kurzen Beinen können sie leicht durch dichte Vegetation flüchten, die für Menschen undurchdringlich ist.

Brillenbären können hervorragend klettern und verbringen viel Zeit auf Bäumen, wo sie Früchte verzehren und auch schlafen. Da die Früchte einiger Baumarten innerhalb von drei bis vier Tagen reifen, bleiben die Bären manchmal während dieser Zeit auf dem Baum, um das Fruchtangebot voll auszunutzen. Häufig bauen sie ein „Tagesbett" in der Gabelung von Stamm und erstem Hauptast. Um Früchte an solchen Ästen zu erreichen, die den Bären nicht tragen können, klettert er so weit wie möglich an dem Ast entlang und biegt den äußeren Teil zu sich herum nach hinten. Zehn oder zwanzig auf diese Art gebrochene Äste sehen wie ein „Nest" aus. Manchmal werden abgebrochene Äste als Unterlage für das Tagesbett verwendet.

Fortpflanzung

Weibliche Brillenbären können mit etwa vier Jahren ihre ersten Jungen bekommen. Die Paarungszeit ist nicht klar abgegrenzt, liegt aber meistens zwischen April und Juni. In Zoos können Paarungsrituale ein bis fünf Tage lang dauern. Die Tragzeit schwankt zwischen fünfeinhalb und acht Monaten. Offensichtlich fällt die Geburt der Jungen mit der Fruchtreife zusammen und liegt meistens sechs Wochen vor deren Höhepunkt. Aufgrund der unterschiedlichen Tragzeit gehen Wissenschaftler auch beim Brillenbären von einer verzögerten Eieinnistung aus, bei der das Ei eine Zeitlang frei schwimmt, bevor es sich im Uterus zur Weiterentwicklung festsetzt. In Jahren mit besonderem Nahrungsmangel werden keine Jungen geboren, sondern die Zellsubstanz der Embryonen wird vom Körper der Mutter wieder aufgenommen.

Die Jungen werden zwischen November und Februar geboren, wobei die meisten im Januar zur Welt kommen. Vor der Geburt ziehen sich die Weibchen in Höhlen zurück, die sie unter einem Felsblock oder unter Baumwurzeln angelegt haben; dort werfen sie ein bis zwei (selten drei) Junge. Ein regelrechter Winterschlaf wurde bei den Brillenbären nicht nachgewiesen. Die Jungen wiegen bei der Geburt zwischen 300 und 500 g. Nach etwa 25 Tagen öffnen sich ihre Augen, und schon bald können sie der Mutter ins Freie folgen. Bei ihrem gemeinsamen Umherstreifen verständigen sie sich untereinander häufig durch einen trillernden Laut, und beim Saugen hört man die Jungen gelegentlich brummen. Es wird auch von einem eulenartigen Ruf berichtet, und aufgeschreckte Tiere stoßen einen kreischenden Alarmschrei aus.

Nur manchmal wird eine Familie von einem erwachsenen Männchen begleitet. In der Regel bleiben Brillenbären nicht paarweise zusammen. Bisweilen, besonders bei Gefahr, reiten die Jungen auf dem Rücken der Mutter; auch wurde beobachtet, daß sie ein einzelnes Junges mit einer Tatze an ihren Bauch gedrückt festhielt, während sie sich auf drei Beinen fortbewegte. Die Jungen bleiben sechs bis acht Monate lang bei ihrer Mutter, die, Beobachtungen zufolge, ihnen in dieser Zeit auch Nahrung herbeiträgt, bevor sie schließlich ihren eigenen Weg gehen.

Rechts: Auf einem hohen Ast ruhend, behält der junge Brillenbär den Überblick.

ASIATISCHE SCHWARZ-BÄREN:

Der Kragenbär in den Bergen

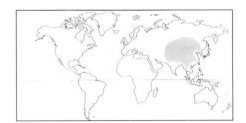

Selenarctos thibetanus, der wissenschaftliche Name des asiatischen Schwarzbären, bedeutet wörtlich übersetzt „Tibetanischer Mondbär", und so wird er auch im Englischen „Moon Bear", „Tibetan Black Bear" oder „Himalayan Black Bear" genannt. Dieser robuste und äußerst anpassungsfähige Waldbewohner kommt in den küstennahen Gebirgsausläufern Ostasiens bis in 4000 m Höhe vor. Sein Verbreitungsgebiet erstreckt sich vom Iran über Afghanistan, Nordpakistan, nach Osten über den Himalaya, nach Süden über Bangladesch und Laos, nach Norden über das Hochland von Tibet bis in die Mandschurei und andere Waldregionen Chinas. Weitere Populationen des Kragenbären leben auf Taiwan und den japanischen Inseln Honshu und Shikoku, bis vor kurzem auch noch auf Kyushu.

BESCHREIBUNG DES KRAGENBÄREN

Seinen wissenschaftlichen Namen erhielt er wegen des großen, weißlichen, halbmondförmigen Abzeichens auf der Brust. Das restliche Fell ist, mit Ausnahme der braunen oder gelblich-braunen Schnauze und des weißen Kinns, schwarz gefärbt. Die Nacken- und Schulterhaare formen einen dicken, mähnenartigen Kragen. Die Tiere im südlichen Verbreitungsgebiet, etwa die in den Bergen von Assam, im Westen Hinterindiens, tragen (besonders im Winter) dünnere Deck- und Unterfellhaare als die Bären in den nördlicheren Regionen und höheren Lagen. Der Kragenbär hat große Ohren, die am mächtigen, rundlichen Kopf weit voneinander entfernt sitzen. Die kurzen Krallen sind sehr kräftig und zum Klettern geeignet.

Der Kragenbär ist mit einer Länge von 140 bis 165 cm mittelgroß und wiegt durchschnittlich zwischen 90 und 115 kg. Große Männchen können eine Länge von 195 cm und ein Körpergewicht bis 180 kg erreichen, die Weibchen sind normalerweise etwas kleiner als die Männchen.

Links: Bei sitzenden Kragenbären ist das helle Brustband weithin sichtbar.

In Japan hält sich der Kragenbär besonders gern in Mischwäldern auf.

Zu Beginn dieses Jahrhunderts hatten Naturforscher verschiedene Unterarten des asiatischen Schwarzbären beschrieben. Dazu gehörten der auf Taiwan lebende *Selenarctos thibetanus formosanus*, der in der Mongolei und am Ussuri vorkommende *S. t. ussuricus* und der *S. t. japonicus* Japans. Wahrscheinlich handelt es sich jedoch lediglich um geographische Variationen.

Im zerklüfteten und urwüchsigen Barun Valley in Nepal ist eine internationale Forschergruppe vor kurzer Zeit Berichten über eine neue Bärenart nachgegangen. In dieser abgelegenen und feuchten Region hatten Jäger von zwei verschiedenartigen Bären berichtet, von denen der eine am Boden *(bhui bhalu)* und der andere in Bäumen lebe *(rukh bhalu)*. Obwohl die Einheimischen fest von zwei verschiedenen Bärenarten überzeugt waren, kamen die Forscher nach Untersuchung zahlreicher Schädel zu dem Schluß, daß es sich in beiden Fällen um den asiatischen Schwarzbären handelt.

Die Forscher nahmen an, daß sich die Freßgewohnheiten der jungen und erwachsenen Schwarzbären dieser Region änderten, da die Fähigkeit der Tiere zum Klettern und Ernten von Nüssen und Früchten unterschiedlich entwickelt ist. Erwachsene Männchen werden bisweilen so schwer, daß sie nicht mehr gut klettern können. Nach der Theorie der Wissenschaftler haben die Bären nun verschiedene ökologische Nischen besetzt. Doch erst ein Chromosomentest würde gültige Beweise liefern. Wären die sich ergebenden Bilder deckungsgleich, könnten wir sicher sein, daß die Einheimischen lediglich verschiedene Altersgruppen derselben Art verwechselt haben.

FRESSGEWOHNHEITEN DES KRAGENBÄREN

Normalerweise verbringt der Kragenbär den Tag schlafend in einer Höhle oder einem hohlen Baumstumpf, um erst in der Dämmerung auf Nahrungssuche zu gehen. In manchen Regionen ist er allerdings auch tagsüber aktiv. Die Bären Indiens und Tibets sind ausgeprägte Fleischfresser und erbeuten häufig Schafe, Ziegen und andere Haustiere. Man sagt ihnen nach, daß sie Tiere bis zur Größe eines Büffels durch einen Biß in den Nacken töten können. Außerdem fressen Kragenbären auch Termiten, Käferlarven, Honig, Früchte, Nüsse, Beeren und Aas. In Indochina werden sie regelmäßig auch nahe der Dörfer in Getreidefeldern gesehen.

In Japan, wo der Kragenbär als ausgesprochener Schädling gilt, wurden seine Freßgewohnheiten ausgiebig studiert. Hier ernährt er sich das ganze Jahr über hauptsächlich von Pflanzen. Im Frühjahr frißt er Bucheckern und Eicheln aus dem Vorjahr und frische Jungtriebe, im Sommer Vogelkirschen, Hartriegel, Ameisen und andere Insekten, und im Herbst legt er sich wieder einen Fettvorrat mit frischen Bucheckern und Eicheln an.

Dies wäre für die Japaner durchaus akzeptabel, würde der Bär nicht auch die Rinde wertvoller Laubbäume schälen und damit erhebliche Baumschäden verursachen. Das Schälen der Rinde kommt vornehmlich zwischen Mitte Juni und Mitte Juli vor. Nachdem er die Rinde an der unteren Hälfte des

Im Frühling ernährt sich der Kragenbär unter anderem von Eicheln aus dem Vorjahr.

Eine aus zurückgebogenen Ästen geformte Tagesruhestätte des Kragenbären.

Schon von weitem ist das Bärennest erkennbar.

Stammes geschält hat, nagt er das freigelegte Weichholz ab. In Regionen mit großflächigen und aus nur ein bis zwei Arten bestehenden Baumplantagen können die Bären großen wirtschaftlichen Schaden anrichten. In einigen Plantagen werden in einer einzigen Nacht bis 40 Bäume geschält. Obwohl man das Schälen an siebzehn verschiedenen Nadelbaumarten festgestellt hat, sind Japans wertvollste Baumarten, die Japanische Zeder und die Zypresse, am stärksten betroffen. Um den Schaden einzudämmen, werden die Bären in Japan stark bejagt. Jährlich werden etwa 2000 bis 3000 Tiere geschossen, wobei die Bärenjagd auch als Sport betrieben wird.

Ein anderes Anzeichen dafür, daß ein Kragenbär seine Mahlzeit hält, sind „Nester" in den Baumwipfeln, dort *enza* genannt. Sie erinnern an Krähennester und werden in Buchen-, Eichen-, Kirsch- und Hartriegelbäume gebaut. Um die außen hängenden Früchte zu erreichen, biegt der Bär die betreffenden Zweige zurück, so daß sie, nach hinten gebrochen, eine Unterlage bilden. In einer einzigen Eiche habe ich sechs oder sieben solcher „Nester" gefunden. Von asiatischen Schwarzbären sagt man, daß sie auch sogenannte „Sonnenbetten" bauen. Diese ovalen Gebilde aus Reisig und Zweigen suchen sie wahrscheinlich bei nasser und kalter Witterung auf, um ihre Körperwärme aufrechtzuerhalten.

FORTPFLANZUNG

Über die Fortpflanzung des Kragenbären ist bislang nur wenig bekannt. Nach meinen Beobachtungen in Zoos findet die Paarung häufig im Mai innerhalb von ein oder zwei Tagen statt, sie wurde aber auch bereits im März oder erst im Dezember beobachtet. In Indien sollen sich Kragenbären im Herbst paaren. Scheinkämpfe und glucksende Laute gehören zum Paarungsritual.

Die Tragzeit dauert sieben bis acht Monate. Die gewöhnlich zwei (selten drei) etwa 220 g schweren Jungen kommen im Winter oder zu Beginn des Frühjahrs in einer Höhle oder einem hohlen Baumstumpf zur Welt. Die lange Tragzeit und geringe Größe der Jungen deuten auf eine verzögerte Eieinnistung hin. Schon nach etwa einer Woche öffnen sich die Augen der Jungen, und im Alter von ein bis zwei Monaten können sie ihre Mutter bei der Nahrungssuche begleiten. Sie bleiben ein bis zwei Jahre bei der Mutter, bis zu deren nächster Paarung. Man hat Weibchen beobachtet, die von Jungen zweier Altersstufen begleitet wurden. Weibchen können ab dem dritten Lebensjahr Junge bekommen und wurden in Gefangenschaft bis 33 Jahre alt.

Typisch für den asiatischen Schwarzbären sind der große, runde Kopf und die nach außen versetzten Ohren. Bei der Bevölkerung gilt der Kragenbär als aggressiv und gefährlich.

ÜBERWINTERUNG

Im südlichen Verbreitungsgebiet legen die Bären nur eine kurze Schlafphase ein oder bleiben den ganzen Winter über aktiv und wandern in tiefere und wärmere Lagen, wo sie Nahrung finden können. Tragende Weibchen fallen jedoch immer in Winterschlaf. In den kälteren und nördlicheren Regionen ist der Winterschlaf ausgeprägt. Hier dienen vor allem hohle Baumstämme und Bäume als Winterplatz, den die Bären von November bis Mitte März oder Anfang April beziehen. In Japan werden die Winterhöhlen immer dort ausgewählt, wo eine dicke Schneedecke über der Höhle zu erwarten ist. Nach Informationen von Toshihiro Hazumi, einem der wenigen japanischen Bärenforscher, hängt das Überleben der Bären in Japan von einer mindestens 1 m dicken und gut isolierten Schneedecke ab.

STATUS UND ZUKUNFT DES KRAGENBÄREN

Wo immer Kragenbären auftauchen, gibt es Interessenkonflikte mit Menschen. Haus- und Weidetiere werden angefallen und Getreidefelder regelrecht verwüstet; es kommt sogar zu Angriffen auf Menschen. Ein indischer Forscher umschrieb mir gegenüber den Bären als „ein kraftvolles und angriffslustiges Tier". Ein Beispiel dieser Gemütsart sollte ich 1987 in Japan an einem klaren Apriltag erleben.

Ich hatte mich mit Kazuhiko Maita getroffen, der im Distrikt Akita im Norden Honshus fünfzehn mit Sendern ausgestattete Schwarzbären folgte. Obwohl der Frühling in den Bergen schon Einzug hielt, lagen noch zwei seiner Bären in ihren Höhlen an einem hochgelegenen, schneebedeckten Hang. Maita hatte kurz zuvor landesweites Aufsehen erregt, nachdem mehrere Zeitungen einige seiner Fotos veröffentlicht hatten, die einen in seiner Baumhöhle schlafenden Bären zeigten. Für diese Aufnahme hatte er den Höhlenausgang zunächst mit einem speziell angefertigten Eisengitter blockiert und dann ein Loch zur Schlafhöhle gebohrt. Mit Hilfe einer Kamera mit Zeitraffereinstellung nahm er die Schlafbewegungen des Bären auf. Ich wurde eingeladen, sein Team bei dem Versuch zu begleiten, einen Beobachtungsposten in der Nähe einer der beiden noch besetzten Winterhöhlen aufzubauen.

Nach einer dreistündigen Klettertour durch tiefen Schnee erreichten wir schließlich die Höhlen. Der Bär schlief in einem hohlen Baumstamm, der in einem Winkel von 45° am Boden lag. Mit Hilfe eines Ortungsgerätes errechneten wir, daß der Bär etwa 3 m vom Eingang entfernt am höher gelegenen Ende des Stammes liegen mußte. Während Maitas Team alles für den Verschluß des Höhleneingangs vorbereitete, suchte ich nach einem ausreichend festen Standort im Schnee und begann, Stativ und Kamera aufzubauen. Da das Mitführen von Gewehren in Japan verboten ist, war niemand von uns bewaffnet. In meinem Rucksack befand sich jedoch ein Spray, das zur Bärenabwehr neu entwickelt worden war. Wahrscheinlich hat es mir das Leben gerettet.

Als Maitas Team sich mitsamt der Ausrüstung vorsichtig dem Höhleneingang näherte, brach plötzlich ein riesiger, 220 kg schwerer männlicher Kragenbär aus dem Eingang hervor und setzte zum Angriff an. Die Mitarbeiter ließen alles fallen und rannten auseinander. Der Bär hatte es auf einen Studenten abgesehen, der in der Eile durch die Schneekruste gebrochen und hingefallen war. In wenigen Sekunden hatte der Bär ihn erreicht, und in diesem Moment zielte ich mit meinem Spray auf den Bären. Der Student hastete weiter, während der Bär sich mir zuwandte. Ich verpaßte ihm eine weitere Spraysalve, und diesmal schwenkte er zur Seite, rannte den Berg hinunter und verschwand.

Wir waren zu Tode erschrocken, aber unverletzt. Maitas erste Worte nach dem Angriff waren: „Ich muß dieses Spray haben ... ich muß es unbedingt haben!" Zuvor hatte er sich über die Vorstellung, daß meine kleine Spraydose uns schützen könnte, noch lustig gemacht.

Kazuhiko Maita beim Aufbau von Empfangsgeräten auf der Insel Honshu. Mit ihrer Hilfe bleibt er zwei Kragenbären auf der Spur, die mit Senderhalsbändern ausgestattet wurden.

Rechte Seite, oben: Vorsichtig nähern sich Maita und einer seiner Mitarbeiter der Bärenhöhle.

Rechte Seite, unten: Wenige Augenblicke später erscheint der Kragenbär am Höhleneingang und greift an.

Der Ort des Geschehens. Hier wurde der angreifende Bär mit dem Spray vertrieben. Die roten Flecken stammen vom Pfefferöl, einem Inhaltsstoff des Sprays.

In Südostasien werden Kragenbären noch häufig für Zirkusdarbietungen abgerichtet. Auf ihren Hinterbeinen können sie sich sehr geschickt bewegen.

Es war das erste Mal gewesen, daß Maitas Team von einem Bären angegriffen worden war. Wir hatten ihn rüde aus seinem Winterschlaf geweckt; zudem ist diese Bärenart aufgrund ihrer Angriffslust besonders gefährlich. In Japan werden alljährlich zwei bis drei Menschen von Bären getötet und weitere zehn bis zwanzig verletzt. Die meisten Unfälle geschehen im Juni, wenn die Leute im Wald wilde Bambussprossen sammeln. Da die Bären ebenfalls Bambussprossen mögen, kommt es unweigerlich zu Zusammenstößen.

Aufgrund der großen Angst vor den Bären lassen sich im gesamten Verbreitungsgebiet gesetzliche Schutzmaßnahmen kaum durchführen oder werden erst gar nicht erlassen. In Japan wurden zwar Jagdzeiten festgelegt, doch da der Bär dort noch immer als Schädling gilt, werden Jagd und Fallenstellen von der Regierung unterstützt. Angesichts der gegenwärtigen Jagdquote und der fortschreitenden Zerstörung des Lebensraumes wird der Kragenbär in Japan vielleicht nur noch die nächsten 10 oder 20 Jahre überleben. Schutzmaßnahmen gibt es für ihn nicht. Selbst innerhalb der Nationalparks werden die Bären gejagt.

Auch im Himalaya ist der Kragenbär gefährdet, da die Chinesen seinem Fleisch, seiner Galle und seinen Knochen Heilkräfte zuschreiben. Bärentatzen gelten als Delikatesse. Auf dem Marktplatz von Chengdu in China zählten Mark und ich an einem Tag alle Bären- und Skelettteile, die wir sahen. Nach weniger als einer Stunde hatten wir bereits 168 tote Kragenbären gefunden.

In Indien ist der Kragenbär durch eine andere Jagdmethode bedroht. Hier werden die Muttertiere erschossen, die Jungen gefangen, mit einem Maulkorb versehen und von Straßenkomödianten und Zirkusdompteuren dazu abgerichtet, Fahrrad zu fahren, aufrecht zu gehen und zu „tanzen". Asiatische Schwarzbären können bis 400 m weit auf den Hinterbeinen laufen. Nach Auskunft des indischen Wildlife Departments sollen solche Praktiken eingeschränkt werden. Dies sei jedoch schwierig, da die Bären für einige Menschen die einzige Einkommensquelle darstellen und Lokalpolitiker sich dem starken Druck der Bevölkerung beugen und die Bärendressur auch weiterhin gestatten.

Der schlechte Ruf des Kragenbären und sein wirtschaftlicher Nutzen als Nahrungs- und Heilmittel machen es unwahrscheinlich, daß ernste Schutzmaßnahmen ergriffen werden, bevor sein Bestand so weit abgenommen hat, daß er vor dem Aussterben steht.

Kragenbären sind intelligent und geschickt und lassen sich leicht zu allerlei Kunststücken abrichten.

Ohne weitreichende Schutzmaßnahmen wird der Kragenbär schon bald nur noch im Zoo zu sehen sein.

GROSSE PANDAS:

Der Bambusbär

Kaum eine Tierart ist den Menschen so sehr ans Herz gewachsen wie dieser liebenswerte, pummelige, schwarzweiße Bär. Das Tier mit dem unbeweglichen Clowngesicht ist in China zur nationalen Kostbarkeit und zum weltweit bekannten Schutzsymbol des World Wide Fund for Nature (WWF) geworden. In aller Welt werden die nach seinem Ebenbild geschaffenen Stofftiere von Millionen von Kindern geliebt. Und obwohl nahezu jeder den Panda kennt, wurden erst in den letzten Jahren die Geheimnisse dieses scheuen Tieres entschleiert.

DER KÖRPERBAU DES PANDAS

Der Große Panda *(Ailuropoda melanoleuca)* ähnelt in Gestalt und Porportionen anderen Bären. Sein weißes Fell ist in der Augenregion, an Ohren, Beinen, Brust und Schultern schwarz unterbrochen, manchmal ist auch die Spitze des 13 cm kurzen Schwanzes schwarz. Im Wald wirkt das Schwarz-Weiß-Muster von nahem sehr auffallend, doch im Schnee ist der Panda kaum noch auszumachen. Anfang 1986 wurde eine hellbraune Farbvariante des Pandas entdeckt. Das Fell des Pandas ist dick und besitzt unter dem rauheren Deckhaar ein äußerst dichtes, wolleness Unterfell, das zuweilen am Bauch dünner ausfällt. Das Fell des Jungen ist weich und flauschig.

Pandas erreichen eine Länge zwischen 160 und 180 cm und ein Körpergewicht bis 90 kg. Die Zeichnung des Fells ist bei Männchen und Weibchen gleich, doch können Männchen 10 bis 20 Prozent schwerer werden. Der chinesische Name des Pandas *Xiongmao* bedeutet „Riesenkatzenbär". Seine Pupillen bilden wie bei Katzen längliche Schlitze, während alle anderen Bären runde Pupillen besitzen.

Die sehr beweglichen Vordertatzen sind mit einem speziellen sechsten „Finger" ausgestattet, der wie ein zweiter Daumen eingesetzt wird. Die Ent-

Links: Der Große Panda – in aller Welt beliebt, jedoch vom Aussterben bedroht.

Auf dem Rücken liegend kratzt es sich am besten. An der linken Vordertatze ist der berühmte „Daumen" zu erkennen.

stehung dieses „Daumens" war eine über hundert Jahre lang heftig umstrittene Frage. Es handelt sich dabei lediglich um einen verlängerten Handgelenkknochen, der frei beweglich ist. Für den Panda war die Ausbildung dieses Gliedes besonders wichtig, da sie es ihm ermöglicht, Bambusstengel und -blätter (die Hauptnahrung des Pandas) mit großer Präzision zu greifen. Seinen Hintertatzen fehlen, im Gegensatz zu den anderen Bären, die Fersenballen. Die plumpe Gestalt und der taumelnde Gang des Pandas täuschen. Durch dichten Wald bewegt er sich lautlos und äußerst geschickt.

Um die harten Bambusstämme kauen zu können, ist sein massiger Schädel mit langen, zum Mahlen geeigneten Backenzähnen ausgestattet. Die Kiefer werden von kräftigen, an einem hervorstehenden Sagittalknochen (einem Wulstknochen des Schädels) befestigten Muskeln bewegt. Zum Schutz vor scharfkantigen Bambussplittern ist die Speiseröhre mit einer harten Hornschicht bedeckt und der muskulöse, dickwandige Magen fast kaumagenartig ausgebildet. Das restliche Verdauungssystem ist, ähnlich dem eines typischen Fleischfressers, für die weitere Verwertung und Verdauung von Bambus untauglich. Aus diesem Grund müssen Pandas täglich bis 20 kg dieser Pflanze fressen, um überleben zu können.

GESCHICHTE DER PANDAS

Die Pandas entwickelten sich vor drei bis zwölf Millionen Jahren während des Pliozäns. In jener Zeit erstreckte sich ihr Verbreitungsgebiet in Ostchina nach Norden bis Beijing und nach Süden bis ins nördliche Birma hinein. Anhand von Fossilien wurden drei verschiedene Formen des Pandas beschrieben, von denen sich jedoch nur eine, *Ailuropada microta,* von der heutigen Form deutlich unterschied – das Tier war nur halb so groß.

Schon vor mehr als 3000 Jahren fand dieses schwerfällige schwarzweiße Tier in chinesischen Schriften Erwähnung. Man schrieb ihm übernatürliche Kräfte zu, etwa Seuchen bekämpfen und böse Geister vertreiben zu können. Jahrhunderte hindurch galten Pandafelle als ein königliches Geschenk. Heute, da der Panda zum unschätzbaren Naturerbe Chinas geworden ist, ist die Schenkung eines lebenden Pandas Ausdruck tiefster Freundschaft.

Der erste im Westen lebende Mensch, der einen Panda zu sehen bekam, war der französische Forscher und Jesuitenpater Père Armand David, dem 1868 die chinesischen Jäger, die ihn begleiteten, zwei geschossene Weibchen zeigten. Ein Jahr darauf staunten die Wissenschaftler Europas und Amerikas über die Felle und ausgestopften Pandas, die Père David nach Hause geschickt hatte. Daraufhin wurden verschiedene Expeditionen ausgerüstet, die Jagd auf Pandas machen sollten, doch erst 1929 wurde das erste Tier von einem westlichen Jäger erlegt.

1936 brachte schließlich Ruth Harkness, deren Ehemann während einer Pandaexpedition getötet worden war, den ersten Panda nach Chicago. Ganz Amerika war sofort von dem Bären begeistert. Der Jungbär namens Su-Lin wurde im Jahr darauf vom Zoo in Chicago erworben. Nach Angaben von Kenneth Johnson, einem Biologen des WWF und des China Giant Panda Projects, waren bis 1949 schon 73 Pandas aus China herausgeholt und viele weitere Tiere von Jägern getötet worden.

POPULATION UND RÜCKGANG DES LEBENSRAUMS

Bejagung und Zerstörung des Lebensraumes haben die Pandas aus den meisten Regionen vertrieben. Heute kommen sie nur noch in sechs kleinen Gebieten am Ostrand des Hochlands von Tibet in kalten und feuchten Nadel-

Auffallend ist das schwarzweiße Fell nur im Sommer. In der winterlichen Schneelandschaft ist der Panda kaum noch auszumachen.

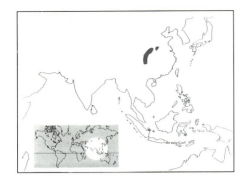

wäldern zwischen 1200 m und 3400 m Höhe vor. In diesen Regionen gibt es noch den größten Bestand an Bambus, von dem die Riesenpandas leben. Fußspuren und Kothaufen hat man allerdings bis in 4040 m Höhe gefunden. Obwohl man annimmt, daß das Verbreitungsgebiet der Pandas insgesamt 30 000 km² umfaßt, schätzt George Schaller, Pionierforscher für den WWF und das China Giant Panda Project, die tatsächlichen Pandareviere auf weniger als 20 Prozent dieses Umfangs, also etwa 6000 km². Mehr als die Hälfte der noch in Freiheit lebenden Pandas kommt in zwölf Reservaten vor, die die Chinesen zum Schutz der Bären eingerichtet haben. Nach neuesten Zählungen des chinesischen Forstministeriums und des WWF ist der Bestand in den letzten zehn Jahren um 200 Tiere zurückgegangen und zählt nur noch etwa 700. Mehrere Populationen sind ganz verschwunden, andere bestehen inzwischen aus weniger als 20 Bären – eine Größenordnung, die zur Erhaltung des Bestandes allgemein als zu gering erachtet wird. Weitere 120 Pandas leben ins Zoos, die meisten in China.

KONTROVERSE UM DIE SYSTEMATIK

Als Père David den Panda als erster beschrieb, stufte er ihn als eine neue Bärenart ein und gab ihm den wissenschaftlichen Namen *Ursus melanoleuca*. Die meisten westlichen Wissenschaftler stimmten mit ihm überein, bis sie 1936 den ersten lebenden Panda in Augenschein nahmen und ihnen Zweifel kamen. Er sah zwar wie ein Bär aus, zeigte aber einzigartige Merkmale – seine reine Bambuskost, die schwarzen Augenflecken und seine ungeklärte Abstammung –, die es in Betracht zu ziehen galt. Echte Bären, seien Fleischfresser, so wurde argumentiert, und Pandas hielten, anders als andere Bären, weder Winterschlaf noch brüllten sie; sie blökten statt dessen. Die Gelehrten kamen schließlich zu dem Schluß, daß der Panda dem viel kleineren Katzen-

Rechte Seite: Die Berge des Wolong Reservats – einer der wenigen Lebensräume, die der Panda noch besitzt.

Mit Bäumen durchsetzte Bambusbestände werden vom Panda bevorzugt.

bären *(Ailurus fulgens)*, auch Kleiner Panda genannt, nahestehen müsse, den man als Verwandten des Waschbären ansah. Der Kleine Panda, seit 1821 bekannt, sieht dem Waschbären sehr ähnlich und ernährt sich, wie der Große Panda, von Bambus. So wurde der Große Panda aus der Gattung der Bären *Ursus* herausgenommen, und man ordnete beide „Pandaformen" mit ein wenig unguten Gefühlen als *Ailuropoda* einer eigenen Familie zu. Nicht jeder Wissenschaftler war von dieser Systematik überzeugt, und einige Naturforscher betrachteten den Großen Panda weiterhin als Bären.

Erste Beweise wurden 1964 bekannt, als D. Dwight Davis seine vergleichende anatomische Studie unter dem Titel *The Giant Panda: A Morphological Study of Evolutionary Mechanisms* veröffentlichte. Seine Arbeit brachte Licht in die Verbindungen zwischen dem Großen Panda und dem Waschbären. Die verwirrende Ähnlichkeit des Großen Pandas mit dem Katzenbären sei das Ergebnis einer parallel verlaufenden Evolution in Richtung auf ein und dieselbe Funktion (auch konvergente Entwicklung genannt). Jedes untersuchte morphologische Merkmal zeigt, daß der Große Panda nichts anderes als ein hochspezialisierter Bär ist, schlußfolgerte Davis.

Damit waren die systematischen Grundlagen der Biologen ins Wanken gekommen, doch einigen Skeptikern blieben Zweifel. Dann kam die Genforschung ins Spiel. In zweijährigen Forschungsanstrengungen setzten der Genetiker Stephen O'Brien und sein Wissenschaftsteam des National Cancer Institute und des National Zoological Park langsam das Puzzle der verwandtschaftlichen Beziehungen zwischen Bären, Pandas und Waschbären zusammen. Sie untersuchten Körperzellen und Blutproben von jeder Art und verglichen die DNA-Sequenzen, Eiweißstrukturen und Chromosomen. Um letzte Sicherheit zu erhalten, wurden vier verschiedene Tests unabhängig voneinander und nach den neuesten Methoden der Molekularbiologie durchgeführt. Die Ergebnisse wurden im September 1985 in der Zeitschrift *Nature* veröffentlicht: Pandas sind echte Bären. Was aber ist nun der Katzenbär? Die Chromosomen lassen erkennen, daß er mit den Waschbären verwandt ist. Vor 20 bis 40 Millionen Jahren trennten sich die beiden Linien von einem gemeinsamen Vorfahren ab. Eine Entwicklungslinie führte zu den Bären, die andere zu den Waschbären und Katzenbären. Der Große Panda hat sich aufgrund seiner auf Bambus spezialisierten Ernährungsweise allmählich von allen anderen Bären fortentwickelt.

FRESSGEWOHNHEITEN

Auch die Nahrung des Großen Pandas war seit seiner Entdeckung Gegenstand von Diskussionen. Obwohl er sich fast ausschließlich von Bambus ernährt, frißt er auch Fleisch, sofern sich ihm Gelegenheit dazu bietet. Pandas sind zu schwerfällig, um selbst Beute zu machen, doch wurde beobachtet, daß sie durchaus Fisch, Pfeifhasen und Nagetiere fressen und sogar gelegentlich Waldarbeiterlager nach Fleisch durchstöbern. Außerdem fressen Pandas Pflanzen wie Krokus, Iris, Weinblätter, Schachtelhalm, Kieferrinde und verschiedene Gräser.

Unsere chinesischen Gastgeber des Wolong Panda Preserve beschrieben uns die kluge Jagdmethode, mit der es dem Panda gelingt, Bambusratten *(Rhizomys sinense)* zu erbeuten. Er trampelt auf der dünnen Bodendecke der Rattenhöhle und vor ihrem Eingang so lange herum, bis die verängstigte Ratte herausläuft und er sie dann mit dem Maul fangen kann.

Rein anatomisch betrachtet ist das Verdauungssystem des Pandas hervorragend für die Verwertung von Fleisch geeignet. Tierische Nahrung ist in

Links: Pandas fressen meistens im Sitzen, um den Bambus mit ihren Vordertatzen greifen zu können.

seinem Lebensraum im Winter jedoch kaum zu finden. Nur Bambus bietet das ganze Jahr über ausreichend Nahrung.

In der Regel fressen Pandas aufrecht sitzend, so daß sie die Bambusstengel mit ihren Vordertatzen halten und bewegen können. Dabei kommt der berühmte „Daumen" ins Spiel. George Schaller, der Pandas lange Zeit beobachtete, beschreibt die Bewegungen eines seiner Studientiere: „Im Sitzen biegt er den Bambus zu seinem Maul, beißt die jüngsten Sproßspitzen aus dem Vorjahr ab und läßt den Stamm zurück; dann bewegt er sich ein Stück weiter, frißt wieder an einer Pflanze und kaut sich auf diese Weise eine Schneise durch sein Revier. Einmal fraß er an einem Tag von insgesamt 3481 Stämmen."

Größere Stämme werden durch Bisse in die harten äußeren Schichten und begleitet von ruckartigen Kopfbewegungen zügig geschält; der geschälte Stamm wird sodann ins Maul geführt und Abschnitt für Abschnitt zerkaut, mit durchschnittlich 6,7 Kaubewegungen pro Abschnitt. Innerhalb weniger Minuten kann sich ein großer Berg aus Bambusrinde um den Panda herum anhäufen. Nach dem Fressen legen sich Pandas oft hin, um ein Schläfchen zu halten. Da ihr Körper Bambus nicht besonders effektiv verwerten kann, wird ein Großteil der Pflanze nach einigen Stunden unverdaut ausgeschieden. Nachdem der Bär 7 bis 9 kg des spindelförmigen Bambuskots ausgeschieden hat, beginnt er erneut zu fressen. George Schallers Team errechnete, daß ein Panda nur etwa 17 Prozent seiner Nahrung verwertet. Bei einem typischen Pflanzenfresser liegt der Verwertungsanteil bei 80 Prozent. „Obwohl ein Panda bis zu zwei Drittel des Tages mit Fressen verbringt," schrieb Schaller, „bleibt ihm nach Abzug dessen, was er zum Wachsen und zur Erhaltung des Körpergewichts benötigt, nur ein geringer Überschuß an Kalorien."

Die Bambusblätter bieten das ganze Jahr über den größten Anteil des verwertbaren Proteins (etwa 16 Prozent). Die Blätter werden jedoch nicht im Frühjahr gefressen. Schaller vermutet, daß der hohe Anteil an Kieselerde zu dieser Jahreszeit den Geschmack beeinträchtigt. Einige Pandas suchen im Frühjahr tiefere Lagen auf, um dort frische Bambussprossen zu fressen. Bis zu 38 kg, etwa 45 Prozent des eigenen Körpergewichts, kann ein Bär an einem Tag futtern. Über 15 verschiedene Bambusarten dienen ihm als Nahrung, wobei je nach Jahreszeit verschiedene Pflanzenteile bevorzugt werden.

Der größte Teil der Bambuskost wird nach wenigen Stunden wieder ausgeschieden. Eine Losung kann bis zu 9 kg wiegen.

Bambus bietet das ganze Jahr über eine verläßliche Nahrungsquelle. Die Blätter enthalten den höchsten Proteinanteil.

In der Regel bieten die reichen Bambusbestände dem Panda eine äußerst verläßliche Nahrungsquelle. Jedes Jahr treiben am unterirdischen Stammbereich der Pflanze neue Sprossen. Alle 40 bis 120 Jahre aber, je nach Bambusart, stehen alle Pflanzen einer Region gleichzeitig in Blüte, samen und sterben dann massenhaft ab. In der Vergangenheit mag das synchrone Blühen dem Panda sogar zugute gekommen sein. Pandas sind nicht besonders wanderfreudig und ziehen es vor, ihr ganzes Leben in einem kleinen Gebiet zu verbringen. Durch den fehlenden Austausch zwischen den Populationen können daher Inzuchtprobleme auftreten. Stirbt der Bambus jedoch massenhaft ab, werden die Pandas gezwungen, in neue Gebiete zu wandern und damit für Genaustausch zu sorgen.

Normalerweise kommen in einer Höhenlage mehrere Bambusarten vor, so daß dem Bären während der Blütezeit einer Art immer noch andere, nicht blühende Bambuspflanzen zur Verfügung stehen. Wachsen im Gebiet eines

Stolz wird der neue Nachwuchs gezeigt.

In Tokio stehen Besucher Schlange, um den kleinen Panda zu besichtigen.
Über Megaphon werden sie zum Weitergehen aufgefordert.

sind, so gut wie keinen Wald mehr aufweisen. Irgendwo unterhalb meines Standorts bewegen sich drei Pandas wie Gespenster durch den Bambusdschungel – alle drei tragen Senderhalsbänder. Ich weiß, daß sie ganz in der Nähe sind, denn ihre Signale sind in unseren Empfängern zu hören.

Nicht nur die ansässigen Bauern leben in der Gegend von Wolong. 350 Personen sind mit Arbeiten im Schutzgebiet beschäftigt und leben innerhalb der Reservatsgrenzen. Ein Verwaltungsbeamter sprach über die Möglichkeit, Bauern zum Umzug zu bewegen, Wanderwege zwischen vereinzelten Pandapopulationen anzulegen und das Gelände mit verschiedenen Bambusarten zu bepflanzen. Fortschritte in dieser Hinsicht sind jedoch ebenso schwer auszumachen wie der Panda selbst. Neue Wohnungen, in welche die Bauern aus den oberen Tallagen umziehen sollten, standen leer, denn die Menschen wollen ihren traditionellen Lebensstil nicht aufgeben.

Weiter unten im Tal werden mit Hingabe sieben Bambusarten gezüchtet, ein Zeichen der Hoffnung zwar, doch waren Versuche, verschiedene Bambussorten im Freiland wieder anzupflanzen, bislang nicht besonders erfolgreich. Bis vor kurzem wurde auch die Kontrolle der Jäger noch recht nachlässig gehandhabt. Häufig finden Pandas den Tod in Fallen, die für Moschustiere ausgelegt werden, oder in Speerfallen für Takins, eine große Antilopenart. Nach Angaben Schallers gehören die Zerstörung des Lebensraumes und das Aufstellen von Fallen zu den beiden häufigsten Todesursachen der Pandas. Das Wildern von Pandas wird mit zwei Jahren Gefängnis bestraft, doch bisher wurden, wenn überhaupt, nur wenige Wilderer verurteilt.

Ein chinesisches Sprichwort besagt: „Alles, was sich mit dem Rücken zum Himmel gerichtet bewegt, ist eßbar." Folglich wird praktisch alles, was sich bewegt, gegessen oder für Heilzwecke verwendet. Theoretisch ist fast jede Art von Jagd in China verboten, doch was wir allein auf einem einzigen Marktplatz in Chengdu an Tierkadavern fanden, war erschreckend: über 150 Bären, mehrere Schneeleoparden und Nebelparder, einen Tiger, fünf Katzenbären und Hunderte von Affen und kleineren Tieren. Dennoch gibt es Anzeichen dafür, daß man in China verschärft gegen Wilderei vorgehen will. Im Oktober 1987 wurde die Todesstrafe für das Töten eines Pandas oder das Schmuggeln eines Pandafells eingeführt. Es ist das härteste Strafgesetz der Welt gegen Wilderei.

Sollten alle Schutzbemühungen für den Panda fehlschlagen, wird man das Überleben der Art vielleicht durch künstliche Befruchtung verlängern können. Lange Zeit hatte man es für unmöglich gehalten, Pandas in Gefangenschaft zu züchten, bis der Zoo in Beijing 1963 alle Welt mit der Geburt eines Pandas überraschte. 1978 wurde in diesem Zoo das erste Junge nach künstlicher Befruchtung geboren. Heute verdanken die meisten der in Gefangenschaft geborenen Pandas ihr Leben der künstlichen Befruchtung. Obwohl viele Jungbären starben, sind inzwischen mehr als 50 Tiere in Gefangenschaft zur Welt gekommen. Der Zoo von Chengdu, der bei diesen Versuchen eine führende Rolle einnimmt, hat eine Erfolgsrate von 70 Prozent erreicht. Der Panda ist das begehrteste Zootier der Welt. Außerhalb Chinas werden nur in acht Zoos Pandas langfristig gehalten. Das größte Problem bei der Zucht von Pandas ist, den Zeitpunkt des Eisprungs eines Weibchens zu bestimmen, denn nur in wenigen Stunden des Jahres kann ein Pandaweibchen befruchtet werden. Nach der künstlichen Befruchtung läßt man das Weibchen mit einem Männchen zur natürlichen Paarung zusammenkommen. Wenn die Prozedur erfolgreich war, wird das Weibchen in einem mit Holzboden ausgestatteten Raum gehalten und mit Spezialnahrung gefüttert. Nach der Geburt werden die Jungen durch Betreuer von Hand aufgezogen.

MIT DEN BÄREN LEBEN:

Eine Geschichtsstunde für die Zukunft

Seit der Vorzeit bis auf den heutigen Tag ist die Einstellung des Menschen zum Bären wechselnd. Dieses Kapitel beschäftigt sich mit dem Verhältnis von Mensch zu Bär in der Vergangenheit und Gegenwart und versucht, einen Ausblick auf das Miteinander in unserer heutigen Welt zu geben.

BÄREN IN FRÜHEREN KULTUREN

Bär und Mensch haben sich über einen langen Zeitraum hinweg gegenseitig beeinflußt. Obwohl Steinzeitmenschen vor 75 000 Jahren in Angst und Schrecken vor diesem gewaltigen Tier lebten, gelang es ihnen, Tausende zu erlegen. Nur mit Speer und Steinaxt bewaffnet, müssen diese Jäger wahre Heldentaten vollbracht und extremen Mut bewiesen haben. Zur spirituellen wie auch physischen Vorbereitung auf die Jagd entwickelten viele Kulturen Bärenkulte. Um das Tier zu bezwingen, beteten die Jäger, der Geist des Bären möge ihnen seinen Tod verzeihen. Mit zeremoniellen Tänzen und Gesängen, die auch heute noch in vielen Stammeskulturen zu finden sind, sollten jene Geister beschwichtigt werden, die über Erfolg oder Mißerfolg der Bärenjagd zu entscheiden hatten.

Bei einigen Indianerstämmen Nordamerikas wurden Bären als Großvater, Großmutter, Cousin und Bruder betrachtet. Einige wenige Stämme weigerten sich grundsätzlich, Bären zu töten, da sie in ihnen wiedergeborene Familienmitglieder sahen. Wo immer in der Vorzeit Menschen in der Nähe von Bären lebten, entwickelten sich Legenden, die davon berichten, daß sich Bären in Menschen verwandeln konnten (oder umgekehrt Menschen in Bären) und Kindern die Weisheit des Waldes lehrten. Auf der ganzen nördlichen Halbkugel, von den Alpen über Sibirien, Japan und Korea, Alaska und ganz Nordamerika, zeigen diese alten Überlieferungen starke Parallelen.

Links: Von einem Felsvorsprung hält eine Bärenfamilie in Alaska Ausschau. Bären verschaffen sich häufig von einer erhöhten Stelle aus einen Überblick.

„Eine immer wiederkehrende Vorstellung ist der Bär als Symbol des Todes und der Wiedergeburt", erklärt David Rockwell, ein Naturforscher aus Montana, der sich ausgiebig mit vergleichenden Untersuchungen der Bärenkulte beschäftigte. Man glaubte, daß der Bär im Winter stirbt, um im Frühjahr wiedergeboren zu werden. „In vielen Pubertätsriten spielt der Bär eine große Rolle, einfach weil er in die Riten bei der Jünglingsweihe so gut paßt."

Der Kandidat für den Eintritt ins Erwachsenenalter wurde von seiner Familie isoliert und in eine kleine Hütte im Wald geschickt, die einer Bärenhöhle ähnelte. In der dunklen Hütte mußte er eine bestimmte Zeit lang allein leben, fasten oder meditieren, bis er als Wiedergeborener in die Gemeinschaft zurückkehren durfte. In nahezu allen Stammeskulturen der nördlichen Hemisphäre ist dieses Grundthema in Variationen zu finden.

Zu den komplizierten Zeremonien gehörte zum Beispiel der Initiationsritus eines Indianerstamms, der Dakotas, der „einen Bären machen" genannt wurde. „Ein Junge träumte, die Zeit für das Ritual sei gekommen", erläutert Rockwell.

Daraufhin richtete der Stamm an einem auserwählten Platz unter anderem einen Pfahl auf, an dem ein Stück Wildleder mit Zeichnungen der Traumbilder des Jungen hing. Dort verbrachte der Junge zwei bis drei Tage, fastete und grub dann etwa 90 m weit entfernt ein Loch, das „Bärengrube" genannt wurde. In vier Richtungen wurden daraufhin Gräben, sogenannte „Eingänge zur Bärengrube", gezogen. Fastend und einen Bären imitierend verbrachte der Junge bis zu vier Tage in der Grube.

Am letzten Tag versammelten sich junge Männer des Dorfes, um den „Bären" aus seiner Höhle zu jagen. Der „Bär" kam heraus und nahm den Kampf auf. Symbolisch versuchten die Männer nun, den „Bären" mit Messern oder Gewehren zu töten. Nach einiger Zeit entkam der „Bär" und zog sich wieder in die Grube zurück, um erneut von den „Jägern" gestört zu werden und zum Kampf herauszukommen. Dieses Ritual wurde an allen vier Eingängen wiederholt. Am letzten Eingang versuchte der „Bär", den Männern zu entkommen, da nun kein Rückzug in die Höhle mehr möglich war. Entweder konnte er nun in den Wald flüchten, wo er dann den ganzen Tag verbrachte, oder er wurde symbolisch getötet und wie ein Toter in ein Wigwam getragen, wo er sodann mit einem Helfer beisammensaß und für den Rest des Tages rauchte und betete. Am Ende verließ er das Wigwam – wiedergeboren als Mann.

EUROPÄER UND BÄREN

Bei den Römern galt der Bär schlichtweg als Symbol besonderer Kraft. Nachdem römische Legionen die Wälder jenseits der Alpen erobert hatten, lieferten germanische und andere Stämme Bären nach Rom. Einige römische Herrscher hielten sie in Menagerien, andere veranstalteten Hetzjagden auf die freigelassenen Tiere. In den Arenen setzten sensationslüsterne Römer Bären im blutigen Kampf gegen Hunde und Gladiatoren ein. Kaiser Caligula (bis 41 n. Chr.) „verbrauchte" einst an einem einzigen Tag 400 Bären für Arenenkämpfe, und Kaiser Gordian I. (bis 238 n. Chr.) soll fast 1000 Bären in einem einzigen, riesigen, blutrünstigen Spektakel eingesetzt haben.

Im frühen Mittelalter, als der Handel zwischen Europa und der restlichen Welt einen Tiefpunkt erreicht hatte, waren Bären praktisch das einzige große Raubtier, dessen Europäer habhaft werden konnten. Folglich ersetzte er die Löwen und Tiger in den Sammlungen reicher Fürsten. In England wurde das Bärenbeißen, ein „Sport" der Edelleute, so populär, daß es sich als Freizeitvergnügen seit der Eroberung durch die Normannen bis weit ins 18. Jahrhundert hielt. Die Vorbereitungen für das Schauspiel waren einfach: Ein Bär wurde mit einer Kette am Hals oder an einem Hinterbein an einen Pfahl gebunden und dann von einem Rudel bösartiger Hunde angegriffen. Es wird berichtet, daß für ein einziges Spektakel dieser Art zu Ehren Königin Elisabeths I. 13 Bären eingesetzt wurden. Ein Schriftsteller jener Zeit bezeichnete dies als angenehmen Zeitvertreib. „Der Bär zerrte und schnappte nach den Hunden, und wenn er gebissen wurde, biß er zurück, kratzte und brüllte und kämpfte sich geschickt von ihnen frei. Wurde er losgebunden, schüttelte er sich Blut und Geifer aus dem Fell." Vielleicht hatte die Königin ihren Spaß daran, für die Puritaner jedoch war das Bärenbeißen etwas absolut Schreckliches. Sie versuchten mit mäßigem Erfolg, diesen „Sport" zu verbieten, jedoch nicht wegen des Leides, das dem Bären dabei zugefügt wurde, sondern wegen der Freude der Zuschauer.

Jahrhundertelang waren dressierte Bären beliebt. Im 18. und 19. Jahrhundert zogen Hunderte wandernder Schausteller mit abgerichteten Bären von Dorf zu Dorf durch ganz Europa. Meistens wurde ein Bär von zwei Schaustellern begleitet, wobei einer Geige oder Tamburin spielte und der andere den Bären durch die Vorstellung führte. Die „Possen" der in burleske Kostüme gekleideten Bären waren außerordentlich beliebt. Einige Bergbauern lebten davon, daß sie Bärenjunge für solche Schaustellungen einfingen und verkauften. Es gab sogar „Bärenschulen", in denen die Tiere ihre Tricks lernten. Häufig war die Dressur aber so grausam, daß in Rußland der Bärenzirkus 1867 schließlich verboten wurde. In vielen Teilen Asiens sind dressierte Bären noch heute beliebt, und gelegentlich kann man sie sogar noch in Europa und Amerika sehen.

DER BÄR AUS DER SICHT DER AMERIKANER

Die besondere Rolle, die der Bär bei den nordamerikanischen Indianern gespielt hatte, stieß bei europäischen Pionieren auf keinerlei Verständnis. Für die meisten Siedler waren Bärenfleisch und -felle von Wert, das lebende Tier aber kaum mehr als ein Ärgernis, das Landwirtschaft und Viehzucht störte. Als die Siedler westwärts drängten, ging die Zahl der Bären drastisch zurück. Ende des 19. Jahrhunderts hatte die Population des Schwarzbären im Osten der Vereinigten Staaten ihren Tiefstand erreicht. Die Grizzlys waren aus den Prärien vertrieben worden und nur noch in entlegenen Bergregionen zu finden. Jahrelanges Jagen, Fallenstellen und Vergiften hatten den „Schädling" so gut wie ausgerottet.

Die erste Wende vollzog sich 1902, als Präsident Theodore Roosevelt sich während eines Jagdausflugs weigerte, einen Schwarzbären zu schießen, der an einen Baum gekettet war. Dieser Vorfall beeindruckte die Öffentlichkeit so sehr, daß daraufhin Plüschbären hergestellt wurden, um das Ereignis zu feiern. Seit dieser Zeit hat fast jeder von uns einmal einen Teddy besessen, und das hat sicherlich dazu beigetragen, unsere Vorstellung vom Bären zu ändern.

Im Zweiten Weltkrieg wurde der Bär erneut aufgewertet. Nachdem ein japanisches U-Boot die Südküste Kaliforniens beschossen hatte, befürchtete man, daß weitere Angriffe zu riesigen Waldbränden entlang der Westküste führen könnten und organisierte eine Kampagne zur Waldbrandverhütung. Zwischen 1942 und 1943 wurden zunächst nur Plakate mit Kriegsslogans benutzt, bis 1944 auf einem Plakat Walt Disney's Bambi erschien. Die Aktion mit diesem Plakat war so erfolgreich, daß das Wartime Advertising Council und der Forest Service beschlossen, für ihre Kampagne zur Waldbrandverhütung ein eigenes Tier zu entwerfen. So entstand die Figur „Smokey the Bear", benannt nach „Smokey Joe" Martin, der von 1919 bis 1930 als stellvertretender Leiter des New York City Fire Department arbeitete. Nach dem Krieg setzte das Wartime Advertising Council, nun in Advertising Council umbenannt, „Smokey the Bear" weiterhin für seine Öffentlichkeitsarbeit ein. In den fünfziger Jahren war „Smokey the Bear" überall so gut bekannt, daß der Kongreß die Gelegenheit nutzte, ihn gesetzlich schützen zu lassen. Heute kennt in den Vereinigten Staaten jeder den freundlichen Bären mit dem breitrandigen Hut.

Der erste lebende „Smokey the Bear" wurde 1950 gefunden, nachdem ein Waldbrand im Lincoln National Forest in Neu Mexiko gewütet hatte. Nachdem das Feuer gelöscht worden war und sich der Rauch gelegt hatte, fanden die Löschmannschaften als einzigen Überlebenden ein Bärenjunges, das sich an einen verkohlten Baumstamm klammerte. Der kleine Bär wurde in eine Rangerstation gebracht und gesundgepflegt. Man nannte ihn nach dem Posterbären „Smokey" und brachte ihn, nachdem seine Brandwunden verheilt waren, in den Zoo von Washington, D. C.

FEHLPLANUNGEN DER NATIONALPARK-VERWALTUNGEN

Mit der Einrichtung amerikanischer Nationalparks, der erste war der Yellowstone National Park, der Anfang 1872 gegründet wurde, entwickelte sich auch ein Bärenmanagement, das den heutigen Parkverwaltungen große Probleme bereitet. Die im Nationalpark lebenden Grizzlys begannen, die Müllkippen der Parkhotels nach Nahrung zu durchstöbern. In den dreißiger Jahren war das Verfüttern von Abfällen an Bären besonders im Yellowstone und Yosemite Park zu einer feststehenden Einrichtung geworden. Man errichtete an den Futterstellen Zuschauerbühnen und zeigte eine von Kommentaren der Parkaufseher begleitete und allgemein beliebte Touristenshow. Die Bären gewöhnten sich an die Menschen und verloren ihre Scheu. Viele lernten, von vorbeifahrenden Touristen Futter zu erbetteln. Besucher, die die Tiere irrtümlich für zahme Bären hielten, machten es sich zur Gewohnheit, die Bären wie ihre Haustiere zu behandeln. Der Anblick eines „süßen" Bären, der aufrecht stehend einen ihm hingehaltenen Leckerbissen erbettelt, muß zu diesem grundsätzlichen Mißverständnis beigetragen haben. Unausweichlich zog diese Sorglosigkeit Probleme nach sich. Der erste Todesfall ereignete sich 1907 im Yellowstone, als ein Tourist ein im Baum sitzendes Grizzlyjunges mit seinem Regenschirm traktierte. Augenblicke später war die Bärin zur Stelle und verletzte ihn tödlich. Einige „Parkbären" entwickelten sich zu aggressiven Störenfrieden, plünderten Picknicktische und rissen Zelte und Autos auf, um etwas Freßbares zu finden. Obwohl es nur selten zu schweren Unfällen oder Todesfällen kam, häuften sich Verletzungen durch einen Tatzenhieb oder den Biß eines verärgerten Bären, dem die Menschenmenge zu nahe kam. Angesichts dieser Gefahr stellten die Parkaufseher an vielen Orten Schilder „Bären nicht füttern" für jedermann sichtbar auf. Die Schilder wurden und werden jedoch von vielen Besuchern ignoriert, die einen Schwarzbären in Straßennähe entdecken.

Als nächste Maßnahme sollten die Müllplätze geschlossen werden. Diesem Entschluß lag der Gedanke zugrunde, die Nationalparks wieder in einen natürlichen Zustand zu versetzen. Und Bären, die sich ihre Nahrung aus dem Müll suchten, hielt man für „unnatürlich". Die wahrscheinlich heftigste Kontroverse in der Geschichte des Naturmanagements wurde durch zwei bekannte Tierforscher, John und Frank Craighead, ausgelöst, die im Yellowstone National Park an den Grizzlys ein Studienprogramm durchführten.

Rechte Seite: In Amerika wurde „Smokey the Bear" zum Symbol der Waldbrandverhütung. Das Plakat gehört zu den erfolgreichsten Werbekampagnen des Landes.

Unbekümmert umringen die Bewohner eines Campingplatzes im Great Smokies National Park, Tennessee, den neugierigen Schwarzbären. Fast 80 Prozent aller Verletzungen durch Bären gehen auf solch sorgloses Fehlverhalten zurück.

Von 1959 bis 1971 untersuchten die beiden unerschrockenen Brüder insgesamt 900 Grizzlys. Sie rieten der Parkverwaltung eindringlich, die Müllhalden langsam in Etappen zu schließen, damit die Bären sich wieder an eine natürliche Nahrungssuche gewöhnen könnten. Die Parkverwaltung entschied statt dessen, die Müllhalden von einem auf den anderen Tag zu schließen, und nach einer heftigen Auseinandersetzung wurde das Forschungsprogramm der Brüder Craighead beendet.

Seitdem die Müllhalden geschlossen waren, mußten sich die Bären neue Nahrungsquellen erschließen, was nicht immer gelang. Hunderte von Bären verhungerten oder wurden erschossen, als sie in Gebieten außerhalb des Parks nach Nahrung suchten. Eine gewisse Ironie birgt die Tatsache, daß 1972, also ein Jahr nach Schließung der Müllhalden, das erste Mal seit 30 Jahren ein Mensch von einem Bären angefallen wurde. Seitdem ist etwa ein Dutzend Menschen im Yellowstone und Glacier Nationalpark von Grizzlys getötet worden. Mit der Zunahme derartiger Unfälle wird wieder in Erwägung gezogen, künstliche Futterplätze, sogenannte „ecocenters", einzurichten. Inzwischen wird auch von Forschern bestätigt, daß das Aufsuchen von Müllhalden in Einklang mit dem natürlichen Bestreben des Bären steht, möglichst viel nährstoffreiche Nahrung aufzunehmen. Neueren Vorschlägen zufolge sollen Elche und Hirsche geschossen und mit Hubschraubern an Futterstellen im Hinterland gebracht werden, um die Bären so aus den von Menschen besuchten Gebieten zu locken. Es ist jedoch fraglich, ob die tierliebenden Besucher diese Schutzmaßnahme der Parkverwaltung jemals akzeptieren würden.

Mit den Schwarzbären ist das eine andere Sache. Die Schwarzbären der Nationalparks zeigen ein erstaunliches Geschick, um an Futter zu gelangen. Beim Aus-der-Hand-Fressen sind sie erstklassige Schauspieler. Ich habe einmal zwei Wochen lang das Wechselspiel zwischen Besuchern und Bären im Great Smokies National Park in Tennessee beobachtet. Jeden Abend kamen mehrere Bären zum Pinnacles Picnic Area, um die Tische nacheinander zu inspizieren. Zuerst sprangen die Leute erschrocken auf und flüchteten eiligst in ihre Wagen, bis die Bären verschwunden waren. Ich erinnere mich an eine Frau, die noch mit der Fleischgabel in der Hand, mit der sie gerade ihre Hamburger gewendet hatte, in ihren Wagen sprang. Der Bär holte sich die Hamburger, die Pommes und die Brötchen. Nach einiger Zeit begannen die Besucher, den Bären Bissen zuzuwerfen. Bald kam eine ganze Menschenmenge zusammen, und die Bären spielten mit und bettelten um Leckerbissen. Eines Tages verfolgten 200 Menschen einen Bären etwa eine Stunde lang. Währenddessen setzte eine Frau ihr 18 Monate altes Kind auf den Boden in die Nähe eines Bären, der sich gerade eine Wassermelone von einem Tisch geholt hatte. Sie machte einige Schritte zurück, um beide auf ein Foto zu bekommen. Als die Zuschauermenge immer größer wurde, muß sich der Bär schließlich eingekesselt gefühlt haben, da er zu einigen Scheinangriffen ansetzte und die Möchtegern-Fotografin vertrieb.

Ich war erstaunt, wie zurückhaltend sich die Bären gegenüber den Besuchern verhielten. Eines Tages beobachtete ich einen Mann, der am Tisch sitzen blieb, als sich ihm ein Bär näherte. Der Bär machte sich über sein Essen her, hielt dann inne und schaute den belustigten Mann an. Plötzlich versetzte der Bär ihm einen Prankenhieb, so daß der Mann zu Boden stürzte. Ich brüllte das Tier an und jagte es mit einer Handvoll Kieselsteine davon. Der Mann war nicht verletzt. An seiner Schulter, die der Bär getroffen hatte, war kaum ein Kratzer zu sehen. Da Bären ihre Krallen nicht einziehen können, mußte das Tier ihn ganz gezielt mit den Sohlenballen geschlagen haben.

Als ich den Vorfall Parkrangern berichtete, erzählten sie mir, daß kurz vor meiner Ankunft ein Mann versucht hatte, demselben Bären seinen sieben Jahre alten Sohn auf den Rücken zu setzen, um ein Foto zu machen. Der Bär hatte sich aufgerichtet, das Kind abgeschüttelt, den Mann angeschaut und ihm, wieder nur mit dem Sohlenballen, einen Schlag ins Gesicht versetzt.

Solche Verhaltensweisen werden von den Parkverwaltungen zwar nicht toleriert, doch ist es den wenigen Aufsehern angesichts des überwältigenden Besucherandrangs – den Great Smokies National Park besuchen jährlich fast 10 Millionen Menschen – einfach nicht möglich, sie zu unterbinden. Bären, die sich zu einer ernsten Gefahr entwickeln oder jemanden verletzt haben, werden aus dem Gebiet entfernt. „Wir versuchen, die Weibchen für den Nachwuchs zu behalten, es sei denn, daß sie drei- oder viermal in ernste Zwischenfälle verwickelt waren", meint Bill Cook, Geschäftsführer des Parks. „Bären, die hier eingefangen werden, kommen in ein Bärenreservat oder einen anderen Park."

BÄREN SCHAFFEN PROBLEME

Grundsätzlich ist es in Nordamerika die Aufgabe der Regierung, die Wildtierbestände zum Wohl der Allgemeinheit zu verwalten. Mit Ausnahme der Nationalparks müssen die einzelnen Staaten und regionalen Wildlife Agencies ihre eigenen Bärenpopulationen überwachen. Dazu gehört, eine angemessene Populationsgröße aufrechtzuerhalten, Abschußzahlen festzulegen, die Jagd zu koordinieren und Bären, die eine Gefahr darstellen, zu töten. Die meisten dieser Institutionen werden von Biologen unterstützt, die bei der Datenerhebung und -auswertung helfen, Überwachungsprogramme erstellen oder Vorschläge für Forschungsarbeiten machen.

Die Bärenjagd ist in ganz Nordamerika noch immer ein beliebter Sport. Jedes Jahr werden Tausende von Schwarzbären und mehrere hundert Braunbären von Jägern mit entsprechenden Lizenzen erlegt. Ohne die staatliche Regelung der Jagdprogramme wären die Bären in vielen Regionen bereits vor langer Zeit ausgestorben. Dennoch kann auch ein gut gemeintes Programm manchmal außer Kontrolle geraten. In Pennsylvania zum Beispiel hatten Jagdorganisatoren aufgrund des erfreulichen steten Anstiegs ihrer Schwarzbärenpopulation beschlossen, eine spezielle Bären-Jagdsaison zu gestatten. Der Biologe Gary Alt erklärt, was daraufhin geschah:

Im Katmai National Park fischen Braunbär und Angler friedlich in demselben Gewässer.

Oben: Bedrohliche Nähe. Diese Bärin ist wahrscheinlich an Menschen gewöhnt und wird die beiden Wanderer ignorieren – solange sie nicht durch schnelle Bewegungen erschreckt wird oder lernt, die Gegenwart von Menschen mit leicht erreichbarer Nahrung in Verbindung zu bringen.

Rechts: Larry Aumiller mit dem Gipsabdruck einer Bärenspur. Diese stammt von einem extrem großen Braunbären.

Als wir 1981 einen speziellen Bärenjagdtag ausriefen, stieg die Anzahl der Jagdlizenzen von einer Viertelmillion auf Eineinviertelmillionen sprunghaft an. An einigen Stellen des Jagdreviers fanden wir bis zu 258 geparkte Autos an einem Straßenabschnitt von weniger als 3 km Länge. Einige Kritiker nannten das Spektakel später eine „bessere Ostereiersuche". Unter solchen Bedingungen war die Jagd für die Jäger, von den Bären ganz zu schweigen, zu gefährlich. Daher reduzierten wir die Lizenzvergaben wieder auf 100 000 und verlängerten die Jagdsaison vorsichtig jedes Jahr um einen Tag.

Auch um die Problembären müssen sich die lokalen Wildlife Manager kümmern. Da die Lebensräume der Bären zunehmend von Menschen beansprucht werden, sind Konflikte unvermeidlich. Bienenzüchter stellen ihre Körbe zum Beispiel häufig in von Bären frequentierten Gegenden auf, und für einen hungrigen Bären ist ein süß duftender Bienenkorb ein gefundenes Fressen. Um ihren kostbaren Besitz zu schützen, errichten Bienenzüchter elektrische Zäune um ihre Bienenvölker, die die Bären in der Regel auch abhalten. Findet ein Züchter seine Körbe jedoch geplündert, endet das meistens mit dem Tod des Honigdiebs. Als ich während meiner Collegezeit Bienen züchtete, um meinen Lebensunterhalt zu verdienen, benutzten wir ebenfalls elektrische Schutzzäune. Daneben hielten wir aber auch Bären fern, indem wir urinierend einen Kreis um die Bienenkörbe zogen. Diese Duftmarken wirkten: Ich war der einzige professionelle Bienenzüchter meines Distrikts, der keinen einzigen Bienenkorb durch einen Bären verlor.

Das Problem plündernder Bären stellt sich am häufigsten dort, wo Müllhalden für sie erreichbar sind. Ein treffendes Beispiel sind die fehlgeplanten städtischen Müllplätze. In Juneau, Alaska, wirken sich Abfälle auf Bären so anziehend aus, daß die Polizei Strafen bis zu 1000 Dollar für das Lagern von Müll außerhalb des Hauses verhängt. Auch Reisende im Hinterland machen durch nachlässigen Umgang mit Lebensmitteln und Abfällen Bären zu Plagegeistern.

DIE BÄRENFORSCHUNG GEHT WEITER

Zahlreiche Forschungsprogramme Nordamerikas, wo Bärenforschung am intensivsten betrieben wird, sollen Möglichkeiten für das Überleben der Bären in unserer modernen Welt aufzeigen. Der U.S. National Park Service unterhält ein landesweites Computernetz, Bear Information Management

Bären sind neugierig. Hier wird ein Wagen in der Nähe von Churchill, Manitoba, inspiziert.

System (BIMS) genannt, das wichtige Ereignisse und Daten allen Parkverwaltungen zugänglich macht. Ferner wird das BIMS eingesetzt, um Entwicklungen der Bestandsgrößen und des Verhaltens der Bären in Langzeitstudien aufzuzeigen. „Wir haben jetzt die Eingabe von 16 000 Daten abgeschlossen", berichtet Katherine Kendall, Biologin im Glacier National Park in Montana. „Wir hoffen herauszufinden, wie sich das Verhalten der Bären durch Kontakte mit Besuchern im Lauf der Jahre verändert."

In einem umgebauten Kriegsgefangenenlager aus dem Zweiten Weltkrieg führt Dr. Charles Jonkel von der University of Montana in Missoula eine Untersuchung durch, die landläufig „Bärenschule" genannt wird. Was Jonkel und seine Mitarbeiter als „aversive conditioning laboratory" bezeichnen, hat zum Ziel, Bären beizubringen, um Menschen einen großen Bogen zu machen. Bestandteil der Konditionierung ist es, die Bären zu erschrecken, bis sie es aufgeben, Menschen zu verfolgen oder sich ihnen auch nur zu nähern. „Zu unseren zahllosen Tricks", erklärt Dr. Jonkel, „gehören ein ‚Bärenprügel', ein Ultraschallgeräusch, schnell aufblasbare Ballons und ein Spray aus rotem Pfefferöl. Das Pfefferspray hat sich als am wirksamsten erwiesen." Der Grundgedanke ist, den Bären so zu konditionieren, daß er mit Menschen Unangenehmes assoziiert. Jeder Bär wird in einen Käfig geführt, der aus einer größeren Zelle mit Wasser und einer kleineren dunklen Schutzzelle besteht. Vor der großen Zelle wird der Bär durch lautes Aufstampfen zum Angriff provoziert. Dem wütenden Tier wird dann das beißende Spray ins Gesicht gesprüht, woraufhin es sich schnell in die dunkle Zelle zurückzieht. Nach zwei- oder dreimaliger Wiederholung hat der Bär gelernt sich zurückzuziehen, sobald vor ihm ein Mensch erscheint, und kann in die Freiheit entlassen werden. Von den etwa 30 Bären, die bislang entlassen wurden, hat es nur mit zwei Tieren wieder Probleme gegeben.

Inzwischen wird die Methode „aversive conditioning" auch bei Problembären in Freiheit angewendet. Wurden beispielsweise zwei Camper im Denali National Park in Alaska von einem Bären verfolgt, werden zwei „Bärentechniker" an Ort und Stelle geschickt, um das Tier zu konditionieren. Nach Angaben von John Dalle-Molle, Resource Manager des riesigen Parks, wird der betreffende Bär mit einem Betäubungsmittel ruhiggestellt und mit einem Senderhalsband versehen. In regelmäßigen Abständen wird der Standort des Bären im Sommerhalbjahr lokalisiert und in seiner Umgebung ein Zelt aufgestellt, das ein Camp simulieren soll. Sobald der Bär sich bis auf 30 m dem Zelt nähert, wird eine Plastikkugel auf ihn abgeschossen. „Wir verhalten uns im Zelt ganz still, damit der Bär lernt, die unangenehme Erfahrung mit dem Zelt und nicht mit Menschen zu verbinden, denn Bären überfallen solche Camps häufig nachts oder wenn die Wanderer tagsüber nicht zugegen sind", erklärt Dalle-Molle. Form, Farbe und Anzahl der verwendeten Zelte werden gewechselt, um beim Bären den Eindruck zu erwecken, daß alle Camps zu meiden sind. Offensichtlich hat die Methode Erfolg. „Keiner der mit einer Plastikkugel angeschossenen Bären hat sich später aggressiv verhalten", versichert Dalle-Molle. In der Nähe eines Camps verhalten sie sich jetzt wesentlich zurückhaltender.

Ein Großteil der in den Vereinigten Staaten durchgeführten Forschungsvorhaben wurde seit Beginn der dreißiger Jahre aufgrund des Federal Aid in Wildlife Restoration Act, bekannter unter dem Namen seiner Förderer als Pittman-Robertson Act, finanziert. Dieses Gesetz sieht die Finanzierung staatlicher Schutzprogramme aus Fonds vor, in die zehn Prozent Steuerabgabe aus dem Verkauf von Schußwaffen, Munition und Ausrüstung für den Jagdsport fließen. Seit 1937 wurden durch dieses Gesetz 1,5 Billionen Dollar für Naturschutzmaßnahmen zur Verfügung gestellt. Besonders erfolgreich

Oben: In Montana ging dieser Grizzly in die Falle. Ein Wildbiologe schießt eine Betäubungsspritze auf ihn ab.

Links: Das Serum wirkt schnell. In wenigen Minuten wird der Bär friedlich eingeschlafen sein.

Rechts: Ein brauner Schwarzbär in Montana. Der Biologe Doug Wroe mißt die Körpergröße des betäubten Tieres. Mittels einer Papierhülle schützt er die Augen des Bären vor Sonnenlicht, da sie ihren Blinzelreflex während der Betäubung verlieren.

Unten: Der kanadische Biologe Bruce McLellan und seine Frau treffen Vorbereitungen, um dem betäubten Grizzly ein Senderhalsband anzulegen.

Das Halsband wird mit Metallschrauben geschlossen. Fast drei Jahre lang wird der Sender über die Wanderungen des Bären Auskunft geben. Manche Halsbänder sind so konstruiert, daß sie nach einer bestimmten Zeit von selbst abfallen.

haben sich die Maßnahmen für die Schwarzbären ausgewirkt. Gegenüber einstigen zersplitterten Restpopulationen im Osten der Vereinigten Staaten leben heute gesunde Populationen in mindestens 30 Bundesstaaten. Die den Schutzmaßnahmen vorausgegangene Schwarzbären-Forschung war hauptsächlich durch diesen Fonds ermöglicht worden.

Ungefährliche Fangtechniken mußten häufig erst von Grund auf entwickelt werden. In den fünfziger Jahren begann zum Beispiel Al Erickson als Student an der Michigan State University, Schwarzbären zu markieren. Zunächst mußten Erickson und seine Mitarbeiter den lebend gefangenen Bären mit Ketten und Halsband zu Boden zwingen und ihm dann so lange Äther über die Nase träufeln, bis er einschlief. Seitdem wurden die Fang- und Betäubungsmethoden wesentlich verbessert. Die Arbeit der Zwillingsbrüder Frank und John Craighead, die im Yellowstone National Park Grizzlys fingen, betäubten und mit Senderhalsbändern ausstatteten, fand landesweit Beachtung. Dank ihrer Pionierarbeit und der Hunderter anderer Biologen sind die Methoden der Freilandforschung heute gut entwickelt.

Im offenen Gelände ist der Einsatz vom Hubschrauber aus oft wirkungsvoller und sicherer als von Bodenstationen. Heute wird mit einem Spezialgewehr eine Spritze auf den Bären abgeschossen, die das Betäubungsmittel mit starkem Druck unter die Haut des Bären injiziert. Bestandteile der bei Bären eingesetzten Mittel sind heute vor allem eine Kombination aus Xylazinen und Ketamin-Hydrochloriden. Sie ersetzen die meisten der früher verwendeten Wirkstoffe, wie das sogenannte M-99, das sich als potentiell gefährlich für Bären erwiesen hat. Zwar kommen gelegentlich noch Bären durch Betäubungsmittel ums Leben, doch wird heute eine Todesrate von ein bis zwei Prozent schon als hoch eingeschätzt.

Sobald das Betäubungsmittel zu wirken beginnt, ist der Bär völlig entspannt; manche fangen sogar an zu schnarchen. Da der bewußtlose Bär seinen Augenreflex verliert, werden die Augen mit einer Salbe behandelt und mit einem Tuch bedeckt, um sie vor dem Austrocknen oder vor grellem Sonnenlicht zu schützen. Dann wird ihm ein kleiner Vorbackenzahn gezogen, um das Alter des Tieres genau bestimmen zu können. Mit einer Zange wird ihm zur Kennzeichnung eine Nummer in die Lippen tätowiert. Blut- und Fellproben werden entnommen; ebenso werden Größe und Gewicht bestimmt. Wird der Bär in den folgenden Jahren wieder gefangen, werden die früher gewonnenen Daten mit den neuen verglichen.

Will man die Wanderungen des Bären erforschen, wird ein Senderhalsband angelegt. Die meisten Senderhalsbänder werden aus einem zweilagigen, genieteten Neoprenmaterial gefertigt. Sender und Batterie befinden sich in einem Aluminiumgehäuse, das mit Harz imprägniert ist. Die kurze Antenne verläuft zwischen den Lagen des Bandes. Mit Hilfe des auf einer bestimmten Frequenz gesendeten Signals kann der Bär zwei Jahre lang geortet werden. Das Signal reicht 48 km weit, sofern keine Hindernisse zwischen Sender und Empfänger liegen. „Hindernisse sind aber immer vorhanden", erklärt der kanadische Forscher Bruce McLellan. „Bäume, Bodenwellen, Hügel, Wasserläufe – all das beeinträchtigt den Signalempfang. Wenn ich das Signal noch auf 8 bis 10 km Entfernung empfange, bin ich schon zufrieden." Mit einer weitreichenden Richtantenne ortet der Biologe das Signal von mehreren Stellen aus. Dann wird die Position des Bären durch Winkelmessung auf einer Karte festgestellt und eingetragen. Manchmal wird ein Bär von einem Flugzeug aus verfolgt, das zu beiden Seiten des Rumpfes mit einer speziellen Antenne ausgestattet ist. Der Empfänger wechselt zwischen den Antennen, bestimmt, welche die stärksten Signale empfängt und gibt dem Piloten dann die entsprechende Richtung an.

Neuerdings werden auch Satelliten eingesetzt, um mit Sendern ausgestattete Bären in der Arktis und in Montana zu orten. Mit ihrer Hilfe können die Signale eines Eisbären über Tausende von Kilometern empfangen werden. Inzwischen können Forscher sogar erkennen, ob der Bär gestorben ist, da viele Halsbänder einen Bewegungsanzeiger besitzen. Wenn ein Tier sich nicht mehr bewegt, wird eine entsprechende Anzeige aktiviert. Alle diese radiotelemetrischen Studien haben die Freilandforschung revolutioniert und erlauben den Forschern einen genauen Einblick in die Reviergrößen der Tiere, ihre jahreszeitlichen Wanderungen und Verbreitungsmuster.

SCHUTZMASSNAHMEN IN ALLER WELT

Die Zukunft der Bären ist unlösbar mit der des Menschen verbunden. Unser Umgang mit diesem Planeten wirkt sich auf alle anderen Lebewesen aus. Warum aber sollten wir uns um den Schutz von Tieren bemühen, die uns gefährlich werden könnten? Nun, zum einen ist die Präsenz der Bären ein Indikator dafür, daß unsere Umwelt noch einigermaßen intakt ist.

„Abholzung ist zum Beispiel sowohl eine lokale, regionale wie auch globale Bedrohung, da sie die Lebensräume der Bären nachteilig verändert", meint Lance Olsen, Präsident der Great Bear Foundation. „Doch weltweit betrachtet sind die Auswirkungen noch viel größer, als man zunächst denken mag. In vielen Ländern wird die Abholzung derart intensiv betrieben, daß eine nachteilige Veränderung des gesamten Wasserhaushalts der Erde zu befürchten steht." Innerhalb des globalen hydrologischen Kreislaufs gelangt Wasser durch feuchte Luftmassen von den Ozeanen zu den Kontinenten. Normalerweise verhindert die Pflanzendecke, daß Niederschläge in Form von Regen oder Schnee schnell zum Meer zurückfließen. Das in den Boden eindringende Wasser füllt unterirdische Wasseradern wieder auf, Pflanzen geben Feuchtigkeit an die Luft ab und tragen zur Kühlung bei. Dieser Prozeß kehrt sich jedoch ins Gegenteil, wenn weite Flächen abgeholzt wurden. Der Niederschlag verringert sich, ein Großteil des Regens geht durch rasches Abfließen verloren, das Land trocknet aus und wird zur Steppe.

„Unsere Daten geben zahlreiche und verläßliche Anhaltspunkte für eine Hypothese, die besagt", führt Olsen weiter fort,

daß das Klima sich nicht nur regional, sondern global sehr schnell ändern kann, mit fatalen Folgen für die meisten Lebewesen. Ich bin sicher, daß Abholzung in bestimmten Regionen der Erde und der daraus resultierende geringere Niederschlag sich zumindest auf einige Bärenarten nachteilig auswirken werden.

Bären sind, wie andere große Fleischfresser, hervorragende Indikatoren für die vorhandene Kompensationskraft unseres Planeten, da sie am Ende der Nahrungskette stehen. Fällt man die Bäume, stellt man den Regen ab und trocknet den Boden aus, dann ist es mit den Bären vorbei. Wo es aber Bären gibt, können wir davon ausgehen, daß zumindest dieses Fleckchen Erde noch gesund und intakt ist. Wie krank ist unsere Erde? Diese Frage kann durch die Antwort auf eine andere Frage beantwortet werden: Wie viele Bären gibt es noch?

In den nördlichen Temperaturzonen halten sich die Bären im großen und ganzen noch ganz gut, was vor allem auf die Schutzbemühungen zurückzuführen ist. Problemregionen entstehen besonders dort, wo Forstwirtschaft und Landnutzungspraktiken außer Kontrolle geraten sind, doch insgesamt betrachtet haben diese Teile des Planeten ihre biologische Ausgleichskraft noch nicht verloren. Dagegen sehen Asien und einige tropische Regionen anderer Kontinente durch Überbevölkerung und Abholzung einer dramatischen Entwicklung entgegen. Weite Landstriche verwandeln sich in nackte Wüsten mit den Folgen, daß die Tier- und Pflanzenwelt verlorengeht und die Menschen vom Hungertod bedroht sind.

Die Wiederaufforstung kann die Wüste zurückdrängen. Der Boden Chinas zum Beispiel hat bislang die Bürde von 5000 Jahren Zivilisation getragen – doch nur mit Mühe. Weite Regionen wurden kahlgeschlagen und verkamen zur Wüste. In einigen Bergregionen Chinas ist der durchschnittliche jährliche Niederschlag seit 1967 auf die Hälfte gesunken und die durchschnittliche Windstärke von 10 km/h auf mehr als 60 km/h gestiegen. Jetzt hat man dort damit begonnen, das verlorene Land wiederzugewinnen und das Klima zu verbessern, indem ein breiter Waldgürtel von insgesamt 7000 km Länge und 320 km Breite aufgeforstet wird. Langsam entwickelt sich der Schutzgürtel, der parallel zur Chinesischen Mauer verläuft, zum eindrucksvollen Landschaftsmerkmal. Als ich einen winzigen Teil dieses Großprojekts besichtigte, waren viele Bäume noch sehr klein. Das Projekt wurde mit gro-

ßem Einsatz vorangetrieben, jeder Baum von den Arbeitern von Hand bewässert. Vielleicht können eines Tages sogar wieder Bären in dieser Region leben.

Zuvor jedoch wird sich in China und praktisch ganz Asien die Einstellung zur Tierwelt grundsätzlich ändern müssen. In jeder größeren Stadt blüht ein Schwarzmarkt für seltene und bedrohte Tiere, darunter auch Bären. Nach Angaben von Tom Milliken vom WWF sind Wilderei und Import von Bären aufgrund der phantastisch hohen Preise, die auf dem Schwarzmarkt erzielt werden, zu einem erschreckenden Problem geworden. Viele dieser Tiere werden allein wegen ihrer Galle getötet, da ihr eine heilende Kraft zugeschrieben wird. „Der Verkaufswert eines asiatischen Schwarzbären in Südkorea ist unglaublich hoch", schreibt Milliken. „Ein Bär, der 1982 in Gonju geschossen wurde, erzielte auf einer von der Regierung geförderten Auktion einen Preis von 18 500 US Dollar. Seitdem sind die Preise für Galle in die Höhe geschnellt." Auf einer öffentlichen Auktion wurde die frische, 180 g schwere Gallenblase eines Tieres, das ein Wilderer in Südkorea geschossen hatte, für 55 000 US Dollar verkauft. Das Fleisch desselben Tieres brachte dagegen nur 1830 US Dollar ein.

In ganz Asien sind Bärentatzen seit alters her ein beliebtes Gericht. Sie

Linke Seite: Einer der zahlreichen Stände eines chinesischen Heilmittelmarktes. Hier werden Bärenskelette und andere Körperteile seltener Tierarten angeboten. Solche Handelspraktiken bringen viele Tierarten Südostasiens an den Rand des Aussterbens.

Braunbären auf der „Bärenfarm" Noboribetsu auf Hokkaido, Japan.

werden meistens zu Suppe verarbeitet. „Aufgrund der Vertriebswege steigt der Wert der Tatzen erheblich", erklärt Milliken. Japanische Importeure zahlen etwa 75 US Dollar pro Kilogramm chinesischer Bärentatzen. Die Importeure verkaufen die Tatzen dann für etwa 100 US Dollar pro Stück an Großhändler. Restaurants kaufen beim Großhändler eine Bärentatze für fast 200 US Dollar, um daraus eine exotisch gewürzte Fleischsuppe für ihre betuchten Gäste zuzubereiten. In einem der besseren Restaurants Tokios muß man bis zu 850 US Dollar für das Gericht bezahlen.

Auf solche Geschäfte sind Wilderer in Amerika aufmerksam geworden. Nach Informationen der *Los Angeles Times* sind Wilderer in Nordkalifornien das ganze Jahr über beschäftigt, um die große Nachfrage nach Galle und anderen Körperteilen auf dem orientalischen Heilmittelmarkt in Los Angeles und Asien befriedigen zu können. Tarnagenten nahmen in Kalifornien, Oregon und Washington mehrere Schmugglerringe fest. Von Virginia bis Alaska hat ein Netz von Tarnagenten seine Arbeit gegen die Wilderei aufgenommen. Die Agenten stimmen darin überein, daß nur ein Preisverfall bei solchen Waren eine Lösung bringen kann. Offensichtlich geschieht das zur Zeit in Korea. Dort gelangte der Versuch, unechte Bärengalle nach Korea einzuführen, an die Öffentlichkeit. Bei den Verbrauchern wuchs Mißtrauen gegenüber der angebotenen Galle, und der Absatz ging zurück. Einige Händler befürchteten gar, daß von den Tausenden von Kliniken, die auf Behandlung mit Galle spezialisiert sind, einige geschlossen werden müßten. Die Chinesen versuchen sogar einen Einbruch in den Schwarzmarkt, indem sie „gezüchtete" Bärengalle für die traditionelle Medizin anbieten. Auf sechs Bärenfarmen bei Harbin in der Provinz Heilonjiang südlich der Mongolei wird bei den in Käfigen gehaltenen Braun- und Schwarzbären mit Hilfe von Schläuchen Galle „gemolken". Diese periodischen Eingriffe scheinen den Bären nicht zu schaden und sind dem Abschlachten schwindender Wildpopulationen bei weitem vorzuziehen.

Ein anderes Problem sind betuchte Großwildjäger, die Spitzenpreise bezahlen, um ein seltenes Tier zu schießen. Leider sind viele Länder an diesem Geschäft beteiligt. Die Innere Mongolei bietet zum Beispiel eine Rundreise, Bärenjagd inbegriffen, für 50 000 US Dollar an, für den Zuschlag von 1200 US Dollar darf der Jäger die Trophäe behalten. Für 25 000 US Dollar wird eine Jagd-Safari auf den vom Aussterben bedrohten Brillenbären arrangiert.

Wenn auch besorgte Naturschützer solche Praktiken nicht unterbinden können, so können sie doch vielleicht den Rest der Menschheit davon überzeugen, Bären zumindest als wertvolle Lebewesen und Jagdwild zu erhalten. Eben dies wird in den Vereinigten Staaten getan.

Ist die Entscheidung zum Schutz der Bären erst einmal gefallen, gibt es viele Möglichkeiten, ihre Lebensräume zu verbessern. In manchen Teilen Nordamerikas werden die Bären bei den forstwirtschaftlichen Planungen berücksichtigt. Forstmanager in British Columbia lassen zum Beispiel beim Abholzen große Pufferzonen aus Laubbäumen als optischen Schutz zwischen den stark befahrenen Gegenden und den Bärenrevieren stehen. In Teilen Kanadas und der Vereinigten Staaten werden Zufahrtswege nach Beendigung der Waldarbeiten einfach geschlossen. Diese Maßnahmen verhindern das Eindringen von Erholungssuchenden und Jägern, die mit Bären und anderen Tieren in Konflikt geraten können. In einigen Regionen, in denen Bären ausgerottet wurden, Lebensraum für die Tiere jedoch noch ausreichend vorhanden ist, haben Biologen damit begonnen, Bären wieder heimisch zu machen. Wir können andere Länder nicht zwingen, etwas für das Überleben ihrer Bären zu tun, aber vielleicht bringen uns gute Beispiele und Unterstützung diesem Ziel ein wenig näher.

Links: Zwei junge Braunbären beim Training. Sie sind in der Bärenfarm Noboribetsu aufgewachsen und lernen hier ihre Kunststücke. Mit ausgebildeten Bären ist ein gutes Geschäft zu machen.

WARNING

GRIZZLY FREQUENTING AREA
TRAVERSED BY THIS TRAIL

BE ALERT

REMOVAL OF THIS SIGN IS ILLEGAL AND MAY RESULT IN INJURY TO OTHERS

☆GPO 776-681 11/83

SICHERHEIT IM LAND DER BÄREN

Empfehlungen und Warnungen

D a Bären und Menschen ihren Lebensraum miteinander teilen müssen, ist dieses Kapitel den Möglichkeiten persönlicher Sicherheit im Land der Bären gewidmet. Erfahrungen zahlreicher Menschen wurden ebenso berücksichtigt, wie die Ergebnisse der Erforschung nordamerikanischer Bären, besonders des am meisten gefürchteten Tieres dieses Kontinents, des Grizzlys. Gleichwohl sind die meisten Informationen auch auf Bären anderer Erdteile übertragbar.

GEFAHR VERMEIDEN

Leider gibt es kein Patentrezept, wie man sich in jeder Situation vor einem Bären schützen kann. Bären sind hochintelligent, individuell verschieden und können auf ein Ereignis fast so unterschiedlich reagieren wie ein Mensch. Dennoch gibt es einige grundlegende Verhaltensregeln, die – wenn sie eingehalten werden – das Risiko, verletzt zu werden, erheblich vermindern, wenn man in den von Bären bewohnten Gegenden lebt, arbeitet oder Urlaub macht. In solchen Gebieten zu wandern, birgt sicherlich weniger Gefahren, als mit dem Auto zum Einkaufen zu fahren. Das Alaska Department of Fish and Game hält das Risiko, im Staat Alaska bei einem Verkehrsunfall verletzt zu werden, für fünfzigmal größer, als durch einen Bären zu Schaden zu kommen.

Die Gefahr, die von „wilden" Bären ausgeht, ist in der Öffentlichkeit erheblich übertrieben worden. Unerfahrene und durch gruselige Bärenerzählungen eingeschüchterte Menschen können allein beim Anblick eines Bären in Panik geraten, egal aus welcher Entfernung sie ihn sehen. Ein Mensch, der sich panisch fürchtet, strahlt eine „emotionale Aura" aus, die tatsächlich gefahrenstimulierend wirken kann. Eigentlich wollen Bären in aller Regel in Ruhe gelassen werden. Meistens gehen sie Menschen sogar aus dem Weg.

Links: Warnung vor dem Grizzly. Dieses Schild im Glacier National Park von Montana zeigt unmißverständlich, worauf man im weiteren Verlauf des Weges vorbereitet sein sollte.

Bären, die aus unmittelbarer Nähe aufge-
schreckt werden, sind extrem gefährlich.

„Es ist interessant, wie häufig Bären nicht gesehen werden wollen", sagt Kathleen Jope, Bärenforscherin im National Park Service.

Wenn Sie zum Beispiel eine Lichtung betreten und einen Bären entdecken, der Sie nicht bemerkt hat, rufen Sie nicht, um ihn auf sich aufmerksam zu machen. Gehen Sie statt dessen in den Wald zurück, wo er Sie nicht sehen kann, rufen Sie von dort aus, lassen Sie ihm die Möglichkeit zu reagieren (meistens läuft er fort) und gehen Sie dann wieder auf die Lichtung. Es ist besser, ihn reagieren zu lassen, bevor er bemerkt, daß er gesehen wird.

Eine besondere Ausnahme, und ich kann diesen Aspekt nicht eindringlich genug betonen, sind Bären, die gelernt haben, nach Nahrungsabfällen in der Nähe des Menschen zu suchen. Addieren Sie zu diesem Faktor eine Tierart wie den Schwarzbären, der bei der Bevölkerung als harmlos gilt, dann erhalten Sie als Ergebnis das Risiko. Im Great Smokies National Park befragte ich über 200 Besucher, warum sie sich den bettelnden Bären so stark genähert hätten. Fast einhellig war die Antwort, daß es sich ja „nur" um Schwarzbären gehandelt habe. Ein Blick auf die Unfallstatistik zeigt aber, daß über 80 Prozent aller Verletzungen und Sachbeschädigungen durch Bären auf diesem Kontinent von Schwarzbären verursacht werden.

Nach Meinung von Dr. Charles Jonkel, einem der führenden Bärenkenner Amerikas, gibt es eine Art Gefahrenskala von Interaktionen, in deren Verlauf ein Bär zum Risikofaktor für Menschen wird. Die erste Stufe ist der „Gewohnheitsbär". „Solche Bären laufen nicht mehr fort, sondern bleiben und lassen sich sehen", erklärt Dr. Jonkel. „Sie gehen ihrem Geschäft nach und kümmern sich nicht darum, ob sie gesehen werden." Gelegentlich aber greifen sie jemanden an, zum Beispiel einen Fotografen, der sich ihnen zu stark genähert hat. Während der drei Jahre, in denen Mark Newman und ich an diesem Buch gearbeitet haben, wurden mindestens vier Amateur-Tierfotografen in den Vereinigten Staaten von Grizzlys getötet. Grizzlys mögen es nicht, daß man ihnen folgt, besonders wenn sie Junge haben. In der Regel wird die Toleranzgrenze eines Grizzlys, der Menschen gewohnt ist, bei 55 m liegen. Eine Bärin mit Jungen aber reagiert häufig schon auf einen Menschen, der sich noch in 140 m Entfernung befindet. Fast jeder, den ich beim Fotografieren von Bären beobachtet habe, ging so nahe heran, daß er das persönliche Umfeld des Bären verletzte. Ich kann nur mit Nachdruck empfehlen, für Nahaufnahmen ein Teleobjektiv von mindestens 400 mm Brennweite zu benutzen, oder, was noch besser ist, in einem Zoo zu fotografieren. Die Verfolgung eines Bären kann auch einen „Aggressionsstau" hervorrufen, der ihn zu aggressivem Verhalten Menschen gegenüber verleitet.

Die nächste Stufe auf der Skala von Dr. Jonkel ist der „konditionierte Bär". Diese Bären haben gelernt, Menschen mit Nahrung zu verbinden. Zunächst erbetteln sie etwas Freßbares, später werden sie zu Plagegeistern. Wenn solche Bären dreister werden (dritte Stufe der Skala), versuchen sie unter Umständen, Menschen Nahrung abzujagen, indem sie Picknickplätze plündern oder Jäger bei ihrer Beute überraschen. In einigen nördlichen Gegenden haben Bären gelernt, daß Scheinangriffe einen Wanderer veranlassen können, seinen Rucksack fallen zu lassen, um sich leichter auf einen Baum zu retten. Da der Bär es auf den mit Wegzehrung gefüllten Rucksack abgesehen hat, könnte ihn die Verweigerung der Beute frustrieren und zu einem ernsthaften Angriff verleiten. Das Opfern der Vorräte kann die Situation entspannen, bestärkt allerdings gleichzeitig das erlernte Verhalten des Bären. Bären, die sich auf diese Art der Nahrungsbeschaffung „spezialisiert" haben, müssen in der Regel getötet werden.

Bären mögen es nicht, aus direkter Nähe überrascht zu werden, und können in solchen Fällen angreifen. Allerdings kann man selbst viel dazu beitragen, in freier Wildbahn nicht mit Bären zusammenzutreffen. Zunächst sollte man wachsam sein und die Umgebung beobachten. Achten Sie auf Anzei-

Der Besucher einer städtischen Müllhalde in Nordkanada läßt sich durch den Schwarzbären nicht stören. Nur wenige Zwischenfälle geschehen an solchen Plätzen. Probleme tauchen aber häufig auf, wenn Bären ihre Nahrungssuche auf benachbarte Siedlungen ausdehnen und sich dort an den Nahrungsmitteln der Bewohner zu schaffen machen.

chen wie frische Tatzenspuren, Tierkadaver, aufgerissene Baumstümpfe oder Kratzspuren an Stämmen. In einer Gruppe zu wandern vermindert das Risiko, auf einen Bären zu treffen, ganz erheblich, da Gruppen in der Regel viel Lärm machen und so den Bären frühzeitig warnen. Noch nie ist ein Angriff eines Grizzlys auf eine Gruppe von sechs oder mehr Personen bekannt geworden. Wenn Sie allein unterwegs sind, können Sie den Bären verscheuchen – bevor er Sie oder Sie ihn zu Gesicht bekommen haben –, indem Sie ab und zu laut „he, Bär!" rufen oder eine Büchse mit Steinchen schütteln. Das gedämpftere Klingeln eines Bärenglöckchens an Ihrem Schnürsenkel kann ebenfalls als Warnung vor Ihrer Anwesenheit dienen. Eine Untersuchung von Kathleen Jope im Glacier National Park zeigte, daß Bärenglöckchen wirkungsvoll vor Bären schützen. Haben die Tiere einmal gelernt, den Klang des Glöckchens mit Menschen zu verbinden, ziehen sie sich meistens schnell in andere Revierbereiche zurück. Meine einzige Kritik an den Glöckchen ist, daß die meisten, die man zu diesem Zweck kaufen kann, zu leise sind. Schon das Rauschen eines Flusses oder eine leichte Brise kann ihren Klang übertönen. Eine andere Studie im Glacier National Park ergab, daß Zusammenstöße zwischen Grizzlys und Wanderern in der Regel an Wegstellen mit weniger als 30 m Sichtweite nahe eines kreuzenden Wasserlaufs passieren. Die geringe Sicht und das Plätschern des Wassers verhindern, daß der Bär die sich nähernden Wanderer bemerkt. Dennoch ereignen sich die meisten Unfälle abseits der Pfade. Offensichtlich haben sich Grizzlys, die in der Nähe stark begangener Wanderwege leben, an den Anblick von Menschen gewöhnt und reagieren nicht mehr so leicht verschreckt und aggressiv.

Als Warnung können auch Signalhörner dienen, die sonst auf Schiffen verwendet werden. Das in Abständen wiederholte Tuten wurde von einigen Personen als wirkungsvoll beschrieben. Doch für welches Klanginstrument Sie sich auch entscheiden, wichtig dabei ist ausschließlich, daß Sie ihre Anwesenheit rechtzeitig ankündigen, damit der Bär sich zurückziehen kann.

Zusammenstöße mit Bären zu vermeiden, ist vor allem eine Frage der Vernunft. Mit einem frei laufenden Hund zu wandern, wäre zum Beispiel keine gute Idee. Leicht kann ein Hund einen Bären provozieren anzugreifen, und in 99 Prozent der Fälle wird der eingeschüchterte Hund zu seinem Besitzer zurücklaufen. Es könnte Ihnen wirklich schlecht ergehen, wenn ein gereizter Bär, der Ihren Hund verfolgt, plötzlich über Sie stolpern würde.

Lage und Aufstellung eines Zeltlagers tragen erheblich dazu bei, Zusammenstöße zu vermeiden. Zelten Sie nicht an Flüssen oder Seen, die von Bären aufgesucht werden, oder wenn Sie frische Spuren in der Nähe entdeckt haben. Für Langzeitlager sind wenige große Zelte mehreren kleinen vorzuziehen. In einer Reihe oder einem Halbkreis aufgestellt (nicht verstreut oder in einem Kreis) ermöglichen sie neugierigen Bären erkennbare Fluchtwege und erwecken kein Gefühl des Gefangenseins. Wanderern sei geraten, nicht unter freiem Himmel, sondern in einem Zelt zu schlafen. Schlagen Sie das Zelt mit dem Ausgang auf einen nahen Baum gerichtet auf und legen Sie sich mit dem Kopf zum Ausgang hin. Ihr Schlafplatz sollte mindestens 50 m von der Kochstelle, Vorräten und Toiletteneinrichtungen entfernt sein. Versuchen Sie ferner, Ihren Schlafplatz in Gegenwindrichtung (am vorherrschenden Wind gemessen) und erhöht einzurichten. Vermeiden Sie so weit wie möglich das Braten fetter Speisen wie Schinken, Speck oder Hackfleisch. Fette Nahrungsmittel ziehen Bären besonders an (und belasten nebenbei auch Ihre Blutgefäße). Vergraben Sie keine Speisereste, sondern verbrennen Sie alle Abfälle rückstandslos. Die feine Bärennase kann noch einen Meter tief vergrabene Abfälle wahrnehmen. Leere Konservendosen sollten ausgebrannt werden, um jeglichen Geruch zu entfernen.

Rechts: Aufmerksam beobachtet ein Grizzly im Südwesten Alaskas diese Wanderer, die sich ahnungslos durch das Gelände bewegen. In der Regel ziehen sich Bären bei der Annäherung von Menschen zurück.

Im McNeil-River-Reservat Alaskas besitzen die Bären die Wegerechte. Diese Braunbären ignorieren ihre Fotografen. Zu starke Annäherung könnte die Bären jedoch provozieren.

Frauen sollten parfümierte Kosmetika vermeiden und während der Menstruation besonders vorsichtig sein, da diese Gerüche Bären anziehen können. Gleichwohl besteht für Frauen kein Grund, während der Menstruation auf solche Wanderungen zu verzichten, sofern sie innerlich anzuwendende Sanitärartikel (z. B. Tampons) benutzen und diese nach Gebrauch restlos verbrennen.

Untersuchungen haben ergeben, daß die meisten Unfälle in der Nähe von Camps auf nicht ausreichend geschützte Vorratslager zurückgehen. Leider existieren viele falsche Vorstellungen darüber, wie Lebensmittel sicher aufzubewahren sind. Die Aufbewahrung im Passagierraum eines Wagens oder in einem separaten Zelt erscheint vielleicht sicher, ist es aber nicht. Ich habe beobachtet, wie Bären durch Zelte gelaufen sind, als wären sie aus Pappe, und die Tiere können ohne Mühe Ihre Wagentüren aus den Angeln heben.

In der Regel bietet ein hängendes Vorratslager ausreichenden Schutz. Legen Sie die Lebensmittel einfach in einen Stoffbeutel und befestigen sie diesen an einer Leine, die zwischen zwei Bäumen in mindestens 4 m Höhe gespannt ist. Die beiden Bäume sollten so weit voneinander entfernt stehen, daß ein kletternder Bär den Sack nicht doch noch von einem Ast aus erreichen kann. Sind keine Bäume vorhanden, sollten Sie die Vorräte in einem luftdichten Beutel mindestens 200 m vom Camp entfernt vergraben. Ist Ihnen das aus irgendwelchen Gründen nicht möglich, bewahren Sie die Vorräte zumindest außerhalb des Camps auf. Ratsam ist auch, den Vorratsbeutel in Sichtweite vom Camp aufzuhängen, damit Sie Ihr Essen holen können, ohne einen neugierigen Bären zu überraschen. Bedenken Sie auch, daß Ihre Kleidung während des Kochens Speisegeruch annimmt. Bewahren Sie diese Kleidung nachts möglichst bei den Vorräten auf. Schon mehrmals wurden Schlafende in ihre speckigen Hosen gebissen.

In einigen Nationalparks, in denen Bären sich das Plündern von Lebensmitteln angewöhnt haben, mag sogar das Aufhängen der Vorräte nicht ausreichen. Die Bären haben gelernt, wozu solche Schnüre dienen. Sie klettern einfach auf die Bäume und beißen die Leinen durch. Der beste Aufbewahrungsort für Lebensmittel und Abfälle sind bärensichere Container. Im Denali National Park Alaskas müssen Wanderer inzwischen ihre Vorräte in kleinen bärensicheren Behältern aufbewahren, die sie bei der Parkverwaltung erhalten. Diese zylinderförmigen Behältnisse von 20 bis 30 cm Durchmesser sind aus widerstandsfähigem ABS-Kunststoff gefertigt und besitzen fest verschließbare Deckel. Obwohl sich die bärensicheren Container im Denali Park als wirkungsvoll erwiesen haben, wird sich ihr Gebrauch erst dann allgemein durchsetzen, wenn ein preisgünstigeres Modell angeboten wird. Der National Park Service bemüht sich zur Zeit um eine Firma, die solche Kanister in großen Mengen für weniger als 15 US Dollar produzieren kann. Möglicherweise erhält man sie bald in Läden für Freizeitbedarf.

Wenn Sie mit dem nächtlichen Besuch von Bären rechnen, können Sie ein Alarmsystem installieren, damit der Eindringling sich zumindest ankündigt. Eine Methode, die ich erfolgreich eingesetzt habe, ist eine Angelleine, die in etwa 75 cm Höhe über dem Boden um die Bäume rings um das Zelt gezogen wird. Befestigen Sie die Enden so, daß Sie die Angelspule in die Nähe ihres Kopfes hängen können. Das Surren der Spule wird Sie schnell aufwekken. Eine einfachere Methode bieten leere und zuvor ausgebrannte Dosen, die zwischen den Bäumen an einer Schnur aufgehängt werden. Legen Sie Steinchen in die Dosen, so daß sie bei Berührung rasseln. Vorbeugung ist der beste Schutz.

Im arktischen Norden werden Arbeiter der Ölbohrfelder gelegentlich von Eisbären angegriffen. Die Bären töten äußerst selten Menschen, und wenn sie es tun, ist ihnen wahrscheinlich noch nicht einmal klar, was sie angegriffen haben. Im Frühjahr kommen nämlich Ringelrobben – die Hauptnahrung des Eisbären – in die Nähe der Bohrstellen. Die Robben haben etwa die Größe eines Menschen, und bis ein Eisbär bemerkt hat, was er gerade erbeutet hat, ist es für das Opfer zu spät. (Eisbären ernähren sich nicht von Menschen.) Vor der North Slope Alaskas hat man inzwischen professionelle Eisbärenkundschafter eingestellt, die nach herannahenden Tieren Ausschau halten.

Fehlverhalten eines Parkbesuchers. Viel zu nahe hat sich dieser Mann an den Schwarzbären herangewagt. Zum Fotografieren bückt er sich – und imitiert dadurch die Angriffshaltung. Obwohl es zum Körperkontakt kam, gab es in diesem Fall keine Verletzungen.

BEGEGNUNGEN MIT BÄREN:
WAS ZU TUN IST

Keine Verhaltensregel ist auf alle Situationen übertragbar. Da jede Begegnung unterschiedlich verläuft, empfehle ich Ihnen dringend, sich zu diesem Thema so kundig wie möglich zu machen, damit Sie gegebenenfalls eine ganze Reihe von Tricks parat haben. Es läßt sich nicht vorhersagen, wie ein Bär bei einer Begegnung zunächst reagieren wird, doch sollten Sie versuchen, Ruhe zu bewahren und die Lage einzuschätzen. Laufen Sie auf keinen Fall davon. Dies könnte den Jagdinstinkt des Bären auslösen, und ein Bär ist viel, viel schneller als Sie. Viele Bären können eine Geschwindigkeit von 57 Kilometern pro Stunde erreichen. Bären sind normalerweise recht menschenscheu und ziehen sich zurück, sofern sie Gelegenheit dazu haben. Wenn Sie einen Bären von weitem sehen, gehen Sie zurück oder schlagen Sie einen weiten Bogen um ihn. Ist ein Umweg nicht möglich, warten Sie zumindest, bis der Bär sich von Ihrem Weg entfernt hat.

Manchmal läßt sich eine direkte Begegnung nicht vermeiden. Es scheint zwei Arten von Nahbegegnungen zu geben, die potentiell gefährlich sind. Zur ersten kommt es, wenn der Bär durch Nahrung oder Abfälle angezogen wurde und diese eventuell aggressiv einfordert. Die andere entsteht, wenn Sie einen Bären in großer Nähe überraschen. In dieser Situation läuft der Bär entweder weg oder stürmt auf Sie los, je nachdem, wie er die Bedrohung empfindet. Douglas Chadwick beschreibt in seinem 1986 in *National Geographic* erschienenen Artikel „Grizz: Of Men and the Great Bear" kurz und treffend eine unvorhergesehene Begegnung mit einem Grizzly:

Nur wenige Begegnungen mit Grizzlys sind geplant. Sie geschehen unvermittelt – wie damals, als ich mich gerade unterhalb eines Bergkammes zwischen herabgefallenen Felsbrocken befand. Knorrige Tannen, die mir kaum bis zur Hüfte reichten, verbreiteten den süßscharfen Duft des Hochlandes. Der Bär kam hinter einem Felsen hervor. Er hatte einen hellen Halbring auf der Brust und einen muskulösen Schulterbuckel. Ich schreckte zurück, da bemerkte er meine Bewegung. Völlig ungeschützt stand ich da. Das Tier wandte sich mir blitzschnell zu und hob seinen Kopf, der zweimal so groß wie meiner war, um meine Witterung aufzunehmen. Jede Illusion, mehr als nur ein Teil der Natur zu sein, war wie weggeblasen. Dann verschwand er, wie es Grizzlys fast immer tun.

Wenn Sie auf einen Bär treffen, schreien oder winken Sie nicht, da Sie ihn damit nur reizen. Machen Sie keine plötzlichen Bewegungen und imitieren Sie nicht die aggressiven Laute oder Gesten des Bären. Manchmal dreht sich der Bär steifbeinig zur Seite, um seine Körpergröße zu demonstrieren. Nach Angaben von Dr. Jonkel kann er auch breitseitig stehen und seinen Kopf an oder über sein Vorderbein senken, um zu signalisieren, daß er keinen Ärger möchte, sofern Ihnen nicht daran gelegen ist. Vermeiden Sie auf jeden Fall direkten Augenkontakt. Anstarren kann als Aggressionssignal wirken. Bedenken Sie, daß Bären Menschen häufig wie andere Bären behandeln. Drohgebärden gehören zum normalen Verhaltensritual, wenn Bären aufeinander treffen. Sie regeln zumeist die Rangfolge, ohne daß ein Kampf stattfindet. Leider ist sehr schwer herauszufinden, in welche Rangposition Sie der Bär einordnet. Ihre Position kann von vielen Faktoren abhängen: von Ihrem Geschlecht, Ihrer Körpergröße, der Anzahl der Sie begleitenden Personen sowie auch von Geschlecht, Alter, Größe und sozialem Rang des Bären. Zudem besitzt jedes Tier sein eigenes Temperament, das seine Reaktion beeinflußt. Schwarzbären halten sich meistens im Schutz des Waldes auf. Ist Deckung vorhanden, flüchten sie gewöhnlich vor Menschen. Die meisten Braunbären (Grizzlys) vermeiden den Kontakt mit Menschen, wenn sie sie früh genug bemerken. Wenn sie jedoch überrascht oder bedroht werden, können sie extrem gefährlich sein. Beim Eisbären scheinen Jagdgewohnheiten und sein weiter und offener Lebensraum zu der ihm eigenen Kühnheit gegenüber Menschen beizutragen. Dagegen sind Lippenbären scheue Tiere und geraten bei Überraschung leicht in Panik.

Wenn Sie auf einen Bären ganz in Ihrer Nähe treffen, sprechen Sie so ruhig wie möglich, bewegen Sie sich langsam und ziehen Sie sich an einen Ort zurück, der Sicherheit bietet; das kann Ihr Auto sein, ein Gebäude, ein Baum oder ein großer Felsen. Wenn der Bär Sie weiter verfolgt, lassen Sie einen Teil Ihres Gepäcks oder etwas anderes fallen, um ihn abzulenken. Man hat beobachtet, daß Bären ihre Aggression am herabgefallenen Gegenstand auslassen, so daß man Zeit zum Rückzug gewinnt. *Vorsicht bei Nahrungsmitteln! Überlassen Sie ihm diese nur im äußersten Notfall!* Vermeiden Sie schnelle Bewegungen und versuchen Sie, keine Angst zu zeigen.

Meist stellt sich ein Bär auf seine Hinterbeine, um besser sehen zu können. Nordamerikanische Bären greifen in dieser Haltung nicht an. Wenn der Bär jedoch zu „bellen" beginnt oder mit den Zähnen knirscht, signalisiert er große Nervosität und verstärkte Anspannung. Drohende Bären kräuseln weder die Lippen noch fletschen sie die Zähne wie Hunde, sie knurren oder brüllen. Solches Verhalten zeigt an, daß die Situation sich verschärft hat und der Bär nicht nur seine Stellung verteidigen will. Vor dem Angriff legt der Bär seine Ohren an. Wenn das geschieht, dann nehmen Sie sich in acht!

Ein Bär greift mit großer Geschwindigkeit an, auf allen Vieren und häufig nahe an den Boden gedrückt. Der Angriff kann ein Täuschungsmanöver sein, wobei er im letzten Moment vor der Person zur Seite ausweicht beziehungsweise zum Stehen kommt – oder aber es ist bitterer Ernst. Unglücklicherweise läßt sich das nicht vorhersagen, sondern stellt sich erst im nachhinein heraus. Ein Bär wägt ständig, sogar während des Angriffs, Kosten und Nutzen ab. Wenn er Sie als ernste Bedrohung empfindet, führt er den Angriff womöglich aus. Sollten Sie in dieser Lage unbewaffnet sein, sind Ihre Möglichkeiten sehr begrenzt. Handelt es sich um einen Braunbären, dann legen Sie sich im Moment des Körperkontakts (und erst dann!) auf den Boden, schützen Sie Ihren Kopf, Nacken und Bauch, indem Sie sich auf die Seite legen, die Beine soweit wie möglich anziehen, ihre Hände im Nacken verschränken und Ihren Kopf zwischen den Knien verbergen. Halten Sie Ihre Beine fest zusammen und verharren Sie in dieser Stellung, auch wenn der Bär Sie dreht. So schwer es auch erscheinen mag, sich totzustellen: es birgt die beste Chance zu überleben. Grizzlys brechen häufig ihren Angriff ab, sobald die Person sich nicht mehr bewegt oder keine Bedrohung mehr darstellt. Manchmal bleibt der Bär, nachdem er sich abgewendet hat, noch eine Weile in der Nähe und beobachtet seinen Widersacher. Schauen Sie sich vorsichtig um und vergewissern Sie sich, daß der Bär fort ist, bevor Sie aufstehen. Wenn der Bär Ihre Bewegung bemerkt, könnte er zu einem erneuten und verstärkten Angriff übergehen.

Schwarzbären gegenüber sollten Sie sich jedoch nicht totstellen. Es hat Fälle gegeben, in denen Schwarzbären Menschen angegriffen haben, um sie zu fressen. Sich totzustellen würde in solch einem Fall diese Intention nur fördern. Dr. Stephen Herrero von der University of Calgary in der kanadischen Provinz Alberta, ein Experte für Bärenangriffe, empfiehlt bei Zusammenstößen mit Schwarzbären (außer bei Bärinnen mit Jungen) die Offensive. „Schwere Objekte wie Äxte, dicke Holzklötze oder Steine sind mögliche Waffen", meint er. „Man kann damit den Bären am Kopf treffen, was ihn

Der Kampf zwischen Braunbären wird durch Bisse in Kopf, Ohren, Hals und Schultern ausgetragen. Bei Angriffen auf Menschen kommt es zu Verletzungen an denselben Körperpartien.

möglicherweise verblüfft und zum Rückzug bewegt. Man kann auch treten und schlagen, den Bären anschreien, oder vor seinem Gesicht mit Gegenständen, wie zum Beispiel Töpfen oder Dosen, klappern." Reagieren Sie also Schwarzbären gegenüber aggressiv und verhindern Sie so weit wie möglich, daß der Bär Sie überwältigt. Es hat mehrere Zwischenfälle gegeben, in denen Menschen den Kampf überstanden und, nur mit einem Taschenmesser oder einem großen Stein bewaffnet, den Bären töteten.

Jagdverhalten ist etwas völlig anderes als Drohverhalten. Ein beutejagender Bär wird sich von Drohgebärden nicht ablenken lassen und statt Furcht gesteigertes Interesse zeigen. Er kann direkt angreifen oder aber seine Beute zuvor vorsichtig einkreisen. „Menschen, die wegrennen – es sei denn, daß es in der Nähe einen Zufluchtsort gibt –, die sich passiv verhalten oder sich tot-stellen", warnt Dr. Herrero, „animieren den Schwarzbären zu weiteren An-griffen." Dennoch ist es nicht in allen Fällen ratsam, sich auf einen Kampf einzulassen. Schwarzbären mit Jungen lassen es meistens bei einem Schein-angriff bewenden, um sich dann zurückzuziehen. Greift man ein Muttertier an, so kann man damit einen Schutzangriff auslösen. Ich würde mich einer Bärin gegenüber respektvoll verhalten, wie angesichts eines Braunbären.

Angriffe von Bären sind in der Regel schnell vorbei, doch können sie in kurzer Zeit großen Schaden anrichten. Verletzungen sind vor allem an Kopf, Hals und im oberen Brustbereich zu erwarten. Wenn es zutrifft, daß Bären Menschen wie andere Bären behandeln, dann ist es naheliegend, daß gerade diese Körperregionen betroffen sind. „Der Kampf zwischen Braunbären", er-zählte mir einst ein Biologe aus Alaska, „findet immer Kopf an Kopf statt, wobei in Kopf, Ohren, Hals und Schulter gebissen und geschlagen wird." Ausgewachsene Bären überstehen solche Kämpfe mit wenigen Rissen und Kratzern. Wir Menschen sind leider in derselben Situation sehr verletzbar.

Nur ein Bruchteil der Begegnungen mit Bären endet im Kampf. Meistens ist der Grund für einen Angriff offensichtlich, in einigen wenigen Fällen scheinen die Angriffe unerklärlich, zumindest auf den ersten Blick. Hier ein Beispiel dafür:

An einem warmen, ruhigen Abend im Juni traf die junge holländische Be-sucherin Saskia Roggeveen im Denali National Park auf einen „bösartigen" Bären. Die schlanke 28 Jahre alte Frau und ihr Begleiter Darrell Tubbs liefen von der Bahnstation des Parks zu einer Jugendherberge, die aus einer An-sammlung von Wohnwagen besteht. Der Weg führt etwa 200 m an den Schie-nen entlang.

Als sie im Gehölz neben sich etwas krachen hörten, fürchteten sie, es könnte ein Bär sein, und überquerten die drei Gleise zur anderen Seite. Dann schaute Saskia zurück. Ein großer Grizzly sprang auf die Schienen. Er hielt an, brüllte und ging zum Angriff über. Der Bär war etwa 50 m entfernt. Saskia und Darrell kletterten den Bahndamm hinunter in der Annahme, daß der Bär sie in Ruhe lassen würde, wenn er sie nicht mehr sehen könnte. Die Rech-nung ging jedoch nicht auf.

Darrell, der Saskia vorauslief, sah nicht, daß sie hinfiel. Der Grizzly er-reichte Saskia und biß ihr in das Gesäß und in die Beine. Während Saskia auf-schrie, hatte sie den Eindruck, daß der Bär nach einer geeigneten Stelle zum

Zwei bewaffnete Wanderer beobachten einen sich nähernden Braunbären. Vorsicht ist vor allem an Flußläufen geboten, wo plätscherndes Wasser das Hörvermögen des Bären beeinträchtigt.

Zubeißen suchte, die er schließlich am Fuß fand. Grunzend und knurrend biß der Bär durch den Fuß und zerfleischte ihn. Saskias Schreie gingen in gedämpfteres Stöhnen über. Voller Schrecken und hilflos stand Darrell nur da und schaute zu. Der Grizzly war mindestens viermal so groß wie er. Dann näherte sich der Zug in Richtung Süden mit einem Pfeifsignal. Der Bär schaute kurz auf, trabte davon und ließ die verletzte Frau liegen. Ihr Fuß wurde nach einer langen Operationsnacht in einer Notaufnahme gerettet.

Es scheint unbegreiflich, daß ein Grizzly praktisch am Bahnhof jemanden überfallen könnte. Ein strenger Winter und das spät einsetzende Frühjahr hatten einige Tiere des Denali Parks jedoch gezwungen, in tiefere Lagen nahe des Parkeingangs auszuweichen. In der Nacht vor diesem Unfall waren zwei Elchkälber in der Umgebung Bären zum Opfer gefallen. Die Tierkadaver waren tags darauf von Rangern entfernt worden. Möglicherweise war der Bär über den Verlust der Beute wütend und hielt Saskia und Darrell für die Diebe. Warum auch immer er angegriffen hatte, fortzulaufen war die falsche Reaktion gewesen.

PERSÖNLICHER SCHUTZ UND ABSCHRECKUNGSMITTEL

Begegnungen mit Bären, bei denen es um Leben und Tod geht, sind wirklich sehr selten. Das Risiko, daß Sie vom Blitz erschlagen werden, ist größer. Dennoch ist es sinnvoll, darauf vorbereitet zu sein. Der traditionelle Schutz vor Bären ist ein Gewehr. Obwohl in den Vereinigten Staaten und Kanada in jeder Jagdsaison Tausende von Bären legal geschossen werden, wissen die meisten Menschen erstaunlich wenig über Waffen. Noch weniger Menschen wissen, wo sie den Bären treffen müssen, um ihn schnell zu töten. Ich bin nicht darauf aus, Bären zu töten, doch ich trage häufig ein Gewehr bei mir, wenn ich in ihrer Nähe arbeite. Einen Bären zu erschießen, sollte das allerletzte Mittel sein, es sei denn, daß man Bärenfleisch essen möchte. Nachdem ich mit Hunderten von Wanderern und Jägern gesprochen habe, halte ich aus Gründen der Sicherheit eine Diskussion über Schußwaffen und den Umgang mit ihnen in diesem Buch für angemessen.

In mehr als 60 Befragungen, die ich während der Sommermonate 1985 und 1986 durchführte, gaben Wanderer in vier Nationalparks von Alaska, Washington, Montana und Tennessee an, eine Faustfeuerwaffe zum Schutz gegen Bären dabei zu haben. Obwohl das Mitführen von Waffen in Nationalparks verboten ist, meinte jeder von ihnen, lieber eine Strafe auf sich nehmen zu wollen, als von einem Bären zerfleischt zu werden. Diese Gefühle kann ich zwar verstehen, doch setzten sich diese Leute damit einem größeren Risiko aus. Der Besitz einer Waffe kann zu einem unangemessenen Sicherheitsgefühl führen und gefährlich werden. Viele der Waffen waren im Rucksack oder an anderen merkwürdigen Stellen verstaut, so daß sie im Notfall unerreichbar gewesen wären. Ferner hatten die meisten Pistolen oder Revolver ein zu kleines Kaliber, um einem Bären Schaden zufügen zu können. Der Gebrauch von Faustfeuerwaffen zum Schutz vor Bären ist höchst umstritten. Darüber hinaus sind sie, wie Ben Moore aus Alaska feststellte, nicht schnell genug zu bedienen. Der folgende Ausschnitt eines Artikels aus der *Anchorage Daily News* schildert die Begegnung mit einer Grizzlybärin:

„Ein solcher Moment läuft wie in Zeitlupe ab. Sie packte mich am Bein und schüttelte mich. Dann schleuderte sie mich 2 bis 2,5 m weit. In diesem Moment gab ich meinen zweiten Schuß ab. Er traf sie in die Seite, und ich erinne-

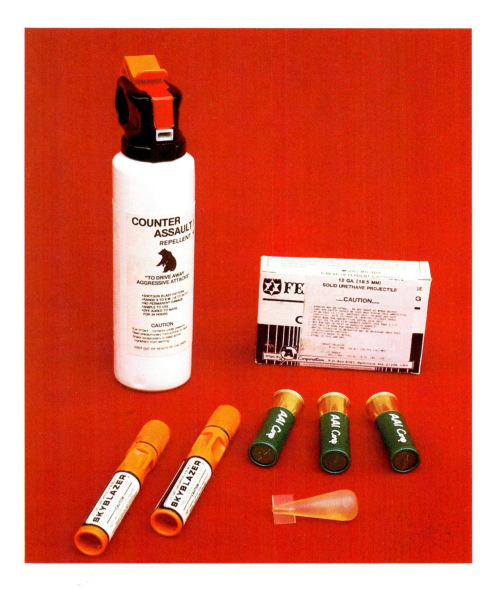

Eine Auswahl nicht tödlich wirkender Abwehrmittel. Das Counter Assault Spray findet bei Besuchern der Nationalparks immer mehr Verbreitung.

re mich noch, wie das Blut herausfloß. Als sie auf meinen Kopf losging, fühlte ich den Druck auf meinen Schädel und hörte das Krachen der Knochen. Ich dachte wirklich, das Ende sei gekommen." Aus irgendeinem Grund, berichtete Moore, ließ die Bärin kurz von ihm ab, und er schoß noch einmal. „Ich hatte noch nicht aufgegeben. Die Pistole hatte ich noch in der Hand. Ich steckte die Mündung in ihr Maul und drückte ab; sie erzitterte nur." Die Bärin schlug ihm die Waffe aus der Hand und schlenderte davon. Moore erzählte, er habe kaum noch etwas sehen können, suchte aber verzweifelt nach dem Revolver und lud ihn in der Erwartung, daß die Bärin zurückkommen würde. Eines seiner Augenlider war aufgerissen, und das Auge trat aus der Augenhöhle hervor. Seine Nase war angerissen und zur einen Gesichtshälfte hin verschoben. „Ich fühlte kaum Schmerzen, nur Wut", meinte er. „Ich wünschte, daß sie zurückkommen würde, um den Kampf zu beenden, bin jedoch froh, daß sie es nicht tat." Moore meinte, daß er in Zukunft einen Revolver mit mindestens einem 44er Kaliber tragen werde, da die 357er Magnum nicht groß genug war, um den Kampf schnell zu beenden.

Ben Moore hatte Glück. Obwohl Faustfeuerwaffen einen aufgebrachten Bären durchaus töten können, enden solche Kämpfe in der Regel zuerst mit dem Tod der betreffenden Person. Bären sind nicht so leicht zu erschießen, nicht einmal mit Gewehren. Es gibt viele Berichte über Bären, die mehrmals

Auf Hokkaido wird an einem gefangenen Braunbären ein Schutzspray getestet. Das aus rotem Pfefferöl bestehende Mittel wirkt sofort.

Im Glacier National Park von Montana wurde dieser stabile Drahtkäfig entwickelt. Er schützt Besucher, die im Bärenrevier campen wollen, vor gefährlichen Begegnungen.

194   DIE BÄREN DER WELT

Hier wird eine transportable Falle aufgestellt, um einen Schwarzbären zu fangen, der in einem stadtnahen Parkgelände in Kanada unangenehm aufgefallen ist.

angeschossen wurden und noch jahrelang lebten. Ein Hirschjäger im südöstlichen Alaska soll auf einen aufgebrachten Braunbären 37 Schüsse mit einer 30.30 abgegeben haben, bevor er eine empfindliche Körperstelle traf und ihn tötete. Das Herz des Bären sitzt sehr tief in der Brust und wird von Jägern nur selten getroffen. Viele erfahrene Jagdführer in Alaska tragen Gewehre großen Kalibers (.375 H. & H. Magnum und .458 Winchester Magnum) und Schrotflinten, die mit 00-Schrotpatronen (Postenschrot) geladen sind, als Sicherheitswaffen für den Fall, daß sie allzu viele Fehltreffer haben.

Wenn Sie mit einem Gewehr umgehen können, ist eine 30/06 Springfield oder eine vergleichbare Waffe ohne Zielfernrohr zum Schutz vor Bären geeignet. Da aber Gewehre eine größere Zielgenauigkeit – und das unter großem Zeitdruck – erfordern, ziehen viele Menschen (wie auch die meisten Bärenforscher) handlichere Waffen vor. Ich trage eine kurzläufige, halbautomatische Kaliber-12-Flinte bei mir, die mit Bleigeschossen oder 00-Schrotpatronen geladen werden kann. Einige Freilandbiologen benutzen nur Bleigeschosse wegen ihrer stärkeren Durchschlagskraft. Andererseits muß man mit Schrot auf geringe Distanz nicht so genau zielen. Gewöhnlich lade ich vier Patronen in das Magazin. Manchmal lade ich auch eine Platzpatrone, um sie als ersten Warnschuß abzufeuern. Sie kann im Ernstfall schnell herausgenommen werden.

Die Entscheidung zu schießen muß angesichts eines angreifenden Bären schnell fallen. Im Leitfaden „Safety in Bear Country" der Canada's Northwest Territories Renewable Resources werden kurz gefaßte Hinweise gegeben, wann man schießen sollte:

Der richtige Moment zu schießen hängt von Ihrer Erfahrung und Vertrautheit mit dem Gewehr ab, davon, wie schnell sich der Bär nähert, und von Ihren Nerven. Jeder hat eine eigene Aktionsschwelle. Viele Experten emp-

Ein Grizzly trottet gleichmütig über eine Straße des Denali National Parks in Alaska und stoppt dabei schlagartig den Verkehr.

fehlen zu warten, bis der Bär auf 20 m herangekommen ist, andere trauen sich zu abzuwarten, ob der Angriff sich als Täuschungsmanöver herausstellt. Diese Entscheidung muß jeder selbst treffen. Bedenken Sie jedoch, daß ein gezielter Schuß aus großer Nähe einen Bären eher tötet als ein Schuß aus der Entfernung.

Der erste Schuß ist der wichtigste. Zielen Sie auf die untere Halspartie, wenn der Bär die Breitseite zeigt, oder auf den hinteren Nackenbereich zwischen den Schultern, wenn Sie den Bären von vorne sehen, oder auf die vordere Schultergegend, um den Bären bewegungsunfähig zu machen. Vermeiden Sie Schüssse auf den Kopf, da sie den Bären meistens nicht töten. Überprüfen Sie unbedingt die Wirkung Ihrer Schüsse. Bricht der Bär zusammen, geben Sie weitere Schüsse auf lebenswichtige Körperpartien ab, bis er sich nicht mehr bewegt. Vergewissern Sie sich, daß er tot ist.

Wenn Sie einen Bären nur verletzen und er entkommt, haben sie die Pflicht, ihn wiederzufinden und zu töten. Für die Verfolgung eines Bären sind mindestens zwei bewaffnete Personen notwendig. Bleiben Sie zusammen, halten Sie die Gewehre schußbereit und verständigen Sie sich untereinander. Seien Sie auf das unvermittelte Zusammentreffen mit einem gereizten Bären vorbereitet.

Warten Sie nach dem Tod des Bären mindestens fünfzehn Minuten, bevor Sie sich dem Tier nähern. Es ist schon vorgekommen, daß „tote" Bären plötzlich wieder zum Leben erwachten.

Viele Wanderer finden eine Schußwaffe unangenehm oder unpraktisch. In den letzten Jahren wurde eine Reihe anderer Waffen zum Schutz vor gefährlichen Bären entwickelt, die zudem keine tödliche Wirkung haben. Einige sind erfolgversprechend. Zwei dieser Waffen verwenden Platzpatronen;

sie werden mit einem Gewehr abgeschossen, töten jedoch nicht. Die andere gibt lediglich einen Schreckschuß ab. Diese Platzpatronen, die ursprünglich entwickelt wurden, um Vögel aus Obstplantagen zu vertreiben, können einen allzu neugierigen Bären wirkungsvoll verteiben. Im Rahmen einer öffentlichen Aktion in Churchill, Manitoba, in der Eisbären lediglich vertrieben werden sollten, wurden Platzpatronen von Naturschutzverwaltern kostenlos abgegeben. Solche Platzpatronen können auch mit leicht abgewandelten Startpistolen, wie sie bei Sportveranstaltungen Verwendung finden, abgeschossen werden. Startpistolen gelten nicht als Waffen.

Die andere Patrone ist ein Kunststoffprojektil. Sie wird zur Zeit in einem wissenschaftlichen Versuchsprogramm erprobt, um Eisbären zu vertreiben, die sich in der Nähe von Churchill an der Hudsonbai befinden. Das auf das Hinterteil des Bären abgeschossene Projektil aus Polyurethan besitzt genug Schlagkraft, um den Bären zurückzudrängen und zum Laufen zu bewegen. In vielen Versuchsreihen hat sich das Projektil sogar auf 30 m Entfernung als wirkungsvoll erwiesen. Als Mark Newman mit einem Freund einmal auf Kodiak Island in Alaska Braunbären fotografierte, wagte sich ein Bär allzu nahe heran. Als eines dieser Plastikprojektile auf sein Hinterteil abgeschossen wurde, rannte der Bär davon und kam nie mehr zurück. Als dagegen in jener Woche auf derselben Insel die Küche eines Fischercamps von zwei halbwüchsigen Bären geplündert wurde, schossen die verängstigten Camper, die keine andere Methode kannten, mit scharfer Munition auf die beiden Bären und töteten sie.

Einen anderen, nicht tödlich wirkenden Schutz bietet eine Spraydose, die mit einem Pistolengriff ausgestattet ist. Da es keine Feuerwaffe ist, darf sie in den amerikanischen Nationalparks mitgeführt werden. Das Spray, das unter der Bezeichnung „Counter Assault" gehandelt wird, enthält 10 Prozent rotes Pfefferöl. Die Substanz ist ungiftig und hat sich in den bislang wenigen Fällen, in denen sie im Freiland erprobt wurde, als wirkungsvoll gegen angreifende Bären erwiesen. Dieses Spray hat mir während des Angriffs eines asiatischen Schwarzbären in Japan das Leben gerettet.

Am Abend nach dem damaligen Angriff erhielt ich eine Einladung nach Hokkaido, um einem Test des Sprays an japanischen Braunbären beizuwohnen. In Japan werden jährlich zwei bis sechs Menschen von Bären getötet und zehn bis 25 verletzt. Waffen können in Japan nur für spezielle Fälle und von wenigen Personen erworben werden. Der Test wurde an einem gefangenen Bären vorgenommen und für zukünftige Studien auf Videofilm festgehalten. Das Spray wirkte offensichtlich sofort und vertrieb den Bären bis an den Rand des eingezäunten Geländes. Er nieste mehrmals und rieb sich verzweifelt die Augen, um die Substanz zu entfernen. Die stärkste Wirkung hielt etwa 5 Minuten an und ließ in den folgenden 10 Minuten langsam nach. Nach diesem Versuch waren die japanischen Forscher ebenso beeindruckt wie ich. Sie äußerten ihr Interesse, ein ähnliches Produkt für die Bambussprossensammler und für Waldarbeiter zu entwickeln, die möglicherweise den Angriffen von Bären ausgesetzt sind.

ANDERE ABWEHRMITTEL

Weitere Methoden, Menschen und ihr Eigentum vor Bären zu schützen, werden ständig neu entwickelt. Einige zeigen keinerlei Wirkung. Zum Beispiel hatten Forscher vor unserem Test des Counter Assault Sprays in Japan verschiedene Chemikalien, darunter reine Salzsäure, getestet. „Die Bären leckten die Substanz einfach ab", erzählte man mir. Allmählich aber nimmt die Zahl der wirkungsvollen Methoden zu: Solarbetriebene elektrische Zäune, die Bären von Zeltplätzen fernhalten sollen, scheinen gut zu funktionieren, besonders wenn der Zaun stabil befestigt wird. Auf einigen großen Bauplätzen in der Arktis hat man ein System erprobt, das aus einer unsichtbaren Sperre aus Mikrowellen zwischen einem Sender und einem Empfänger besteht. Wird die Sperre von einem Eindringling unterbrochen, wird automatisch ein Alarm ausgelöst.

Ein wirksames und technisch weniger aufwendiges Alarmsystem für Zeltlager ist der Einsatz von angeketteten Hunden. Allerdings müssen es ausgebildete Wachhunde sein, die Bären bei der Annäherung tatsächlich melden. Um ihre Hütten vor plündernden Bären zu schützen, legen manche Bewohner auch Nagelbretter auf Türschwellen und um das Grundstück aus. Ein Nagelbrett besteht aus einer Holzplatte, durch die zahlreiche Nägel geschlagen werden. Die nach oben ausgerichteten Nagelspitzen halten neugierige Bären ab.

Obwohl das Schreien eines Menschen die Aggressivität eines Bären steigern kann, wurde bei neueren Tests ein Eisbär mittels eines lauten Radios erfolgreich vertrieben. Radios scheinen besonders wirksam zu sein, wenn sie auf das Lautstärkeniveau von Rockmusik aufgedreht werden. Leuchtkugeln der Art, wie sie auf Schiffen verwendet werden, sind ein weiteres Lärminstrument, das einen Bären vertreiben kann. Das Abschießen der Leuchtkugel produziert einen lauten Knall und schickt dem Bären einen Feuerball aus brennendem Magnesium entgegen. Damit kann man praktisch alles und jeden vertreiben, nur hat es einen nicht unerheblichen Nachteil: Bei dieser Methode hat man gute Chancen, besonders in sehr trockenen Gegenden einen unkontrollierbaren Waldbrand zu entfachen.

Fett gedruckte Seitenzahlen beziehen sich auf Abbildungen.

Actinomycosis 23
Ailuropoda melanoleuca (Großer Panda) 141
Ailuropoda microta 142
Ailurus fulgens (Kleiner Panda) 147
Ainu 69
Ali, S. M. 117
Alt, Gary 167
Amstrup, Steve 94
Andenbär s. Brillenbär
Arctodus simus (Kurzschnauzenbär) 24
asiatische Braunbären s. Braunbären
Aumiller, Larry 68

Bambusbär s. Großer Panda
Bären (allgemein; siehe auch die einzelnen Arten)
    Altersbestimmung 25
    Arten 10
    Darmausgang, Blockierung des 29
    Drohgebärden 27, 34
    Eieinnistung, verzögerte 31
    Entwicklungsgeschichte 21 ff.
    Ernährung 28

Fortpflanzung 31 f., **31**
Ignorierverhalten 20, **20**, 27
Intelligenz 28
Junge 31 f., **31, 32, 33**
Körperbau 24 f.
Krankheiten 25 f.
Laufgeschwindigkeit 24, 188
Orientierungssinn 29
Rangordnung 34 f., **35**
Revier 28
Schädelstruktur 21, **21**
Sinnesorgane 26 ff.
Skelettfunde 23
Sozialverhalten 33
Stoffwechsel 30
Systematik 10
Tagesruhestätten 30 f.
Tatzen **18, 24**, 25
Tragzeit 31
Winterschlaf 29 f.
Zähne **21**, 21, **25**, 25
Bärenkult und Legenden 9, 69 f., 143, 161 f.
Barren Ground Grizzly s. Braunbären, nordamerikanische
Bär und Mensch
    Abwehr von Angriffen 136, 189 f.
    Aggressionssignal 188

Angriffe von Bären 136, 189 ff., 192 f.
Augenkontakt 188
Bär als Handelsware 126, 138, **176, 177** f., 179
Begegnungen 9, 19 f., 27 f., 43, **45, 72, 102, 103,** 121, 136 f., 164, 166 f., 168, 181 f., 188 ff.
Dressur 28, 69, 138, **138, 139,** 152, 163, **178**
Drohgebärden 188, 189, 190
Fehlverhalten bei Begegnungen 164, **166,** 166 f., 169, **187**
Jagd auf Bären 49, 69 f., 79 f., 99 f., 125 f., 167 f., 179
Konditionierung 170, 183
Rangordnung 188
Reaktion bei Überraschung 121, 182
Risikofaktoren 182 f.
Toleranzgrenze 183
Schutzmaßnahmen für Camper und Touristen 183, 184 ff.
Vermeidung von Zusammenstößen 183 f.
Waffen und Abwehrmittel 192 ff., 197 f.
Bear Information Management System 169 f.
Bergman, Dr. Stan 68

REGISTER

Bering-Landbrücke 23
Bienenzucht und Bären 114, 169
Border Grizzly Project 77
Braunbären 55–81
  Barren Ground Grizzly 84
  Eieinnistung, verzögerte 65 f.
  Entwicklung der Jungen 66 ff.
  Ernährung 57 ff., **61 ff.**
  Fischfang-Techniken **54, 58,** 58 f.,
    73 f.
  Körperbau 55, **56**
  Laufgeschwindigkeit 56
  Verbreitung 55, **55**
  Winterschlaf 60, 65
Braunbären, asiatische 68 ff.
  Isabellbär 69
  japanischer Braunbär (Higuma) 69 f.
  Mandschurenbär 69
  Tibetbär 69
Braunbären, europäische 70 ff.
Braunbären, nordamerikanische 72 ff.
  Einfluß von Gletscherregionen auf
    Körpergröße 72
  Grizzly 9, 45 f., 72, 76 ff., 163 ff., 183 ff.
  Kodiakbär 73 ff.
Braunbären, sibirische 68
Brillenbär 125–129
  Eieinnistung, verzögerte 128

Entwicklung der Jungen 128
Fortpflanzung 128
Freßgewohnheiten 127
körperliche Merkmale 125
Lautäußerungen 128
Schutzmaßnahmen 126
Tagesruhestätten 128
Tragzeit 128
Verbreitung 125 f.
Verhalten 127
Zerstörung des Lebensraums 126
Bruemmer, Fred 107

Cape Churchill Research Tower 102 f.
Cementum annuli 25
Chadwick, Douglas 81, 188
China Giant Panda Project 144
Churchill, Manitoba 94, 100 ff., 101, 197
Clarkson, Peter 102
Cook, Bill 167
Craighead, John und Frank 164, 173

Dalle-Molle, John 170
David, Père Armand 143 f.
Davis, D. Dwight 147

Eisbären 83–107
  Abschußquoten 99 f.

Entwicklung der Jungen 95 f.
Entwicklungsgeschichte 83 f.
Fell 86
Forschung 107
Fortpflanzung 94
Freßgewohnheiten 92 f.
Jagd auf Eisbären 99 f.
körperliche Merkmale 84
Krankheiten 84 f.
Laufgeschwindigkeit 90
schwimmen und tauchen **87,** 87, **88**
Sinnesorgane 91, **91, 98**
Sommerhöhle 94
Spieltrieb **95,** 107
Überwinterung („walking hiberna-
  tion") 94
Verbreitung 97 f.
Wanderrouten 97
Erickson, Al 173
Euarctos americanus
  (nordamerikanischer
  Schwarzbär) 10

Fish and Game
  Department 10, 51, 52 f., 100, 181
Flowers, Ralph 51 ff.
Forschung 52 f., 68, 70, 77, 86, 107,
  109, 132, 164 f., 169 ff.

Fang- und Betäubungs-
    methoden 170, **171, 172,** 173 f.,
    173, 195
Molekularbiologie 147
Senderhalsbänder 70, 77, **136, 154,**
    158, **172, 173,** 174
fotografische Techniken 19, **60,** 183

Gilbert, Barrie 20
Gletscherbär, s. Schwarzbären, nord-
    amerikanische
Great Bear Foundation, Montana 28,
    175
Grizzly s. Braunbären, nordamerikani-
    sche
Grojean, Richard 86
Großer Panda 141–159
    Bambus 144, **147,** 148 ff., **149,** 158
    Beijing 158
    braune Farbvariante 141
    Chengdu Zoo **154, 156,** 158
    Duftmarken 152
    Eieinnistung, verzögerte 153
    Entwicklung der Jungen 153
    Entwicklungsgeschichte 142 f.
    Freßgewohnheiten 142, 147 ff.
    Fortpflanzung 152 f.
    Geburtsgewicht der Jungen 153

genetische Isolation 149, 153
Intelligenz 152
Kontroverse um die Systematik 144 f.
körperliche Merkmale 141 f.
Krankheiten 152
Lautäußerungen 152
molekularbiologische Forschung 147
Reviere 152
Schutzmaßnahme 154, 158
Tragzeit 153
Verbreitung 143 f.
Verdauung des Bambus 142, 148, **148**
Verhalten 151 f.
Verlust des Lebensraums 153 f.
Wilderei 158
Zucht in Gefangenschaft 158
Zukunftsaussichten 153 ff.

Helarctos malayanus (Malaienbär) 109
Herroro, Dr. Stephen 189 f.
Higuma s. japanischer Braunbär
Höhlenbären 22, 23
Hokkaido 65, 69 f.
Honigbär s. Malaienbär
Hornaday, Dr. William 42
Hudsonbai 33, 97, 100 ff., **103**

Institute of Arctic Physiology 90

International Union for the Conserva-
    tion of Nature (IUNC) 24, 109
Isabellbär s. Braunbären, asiatische

japanischer Braunbär (Higuma) s.
    Braunbären, asiatische
Jonkel, Dr. Charles 26 f., 42, 91, 94,
    170, 182 f., 188
Jope, Kathleen 182, 184

Kamtschatka 68
Katzenbär s. Kleiner Panda
Kendall, Katherine 170
Kermode, Francis 42
Kleiner Panda 147
Kodiakbär s. Braunbären, nordameri-
    kanische
Kragenbär 131–139
    Aggressivität 136 f.
    Bärennester 134, **134**
    Barun Valley (Nepal) 132
    Baumschäden 133 f.
    Bejagung 138
    Eieinnistung, verzögerte 135
    Entwicklung der Jungen 135
    Fortpflanzung 134
    Freßgewohnheiten 132 ff.
    körperliche Merkmale 131 f.

Tagesruhestätten **134**
Tragzeit 134
Überwinterung 135 f.
Verbreitung 131
Zukunftsaussichten 138
Kurten, Björn 23
Kurzschnauzenbär s. Brillenbär 125

Lachsfang **43, 55,** 57 f., **58, 59, 61, 62, 63, 64,** 73 f., **78**
land- und forstwirtschaftliche Schäden 51 ff., **52,** 71 f., 114, 126, 133 f., 169
Lippenbär 119–124
  Eieinnistung, verzögerte 123
  Freßgewohnheiten 122
  Fortpflanzung 123
  Honig 122
  körperliche Merkmale 119
  Lautäußerungen 121
  Reaktion bei Überraschung 121
  Ruhepausen 121
  Termiten 119, 121, 122
  Tragzeit 123
  Verbreitung 123
  Verhalten 119
  Zukunftsaussichten 123

Maedo, Noako 70

Maita, Kuzuhiko 136, **136,** 138
Malaienbär 109–117
  Borneo 116
  Fortpflanzung 114 f.
  Freßgewohnheiten 112 f., **115**
  körperliche Merkmale 113
  Lautäußerungen 114
  Malaienbären als Haustiere 111, **112**
  Markieren der Bäume **114**
  Sabah, Malaysia 110
  Schlafplätze 114
  Tragzeit 114
  Verbreitung 109 f.
  Verhalten 113 f.
  Wilderei 110 f.
  Zukunftsaussichten 116 f.
Mandschurenbär s. Braunbären, asiatische
Martin, „Smokey Joe" 164
McAllister, Dennis **48**
McConnell, Patricia 49, 51
McLellan, Bruce 28, 76 ff., **172,** 174
Melursus ursinus (Lippenbär) 119
Merriam, Dr. C. Hart 56
Miller, Steve 104
Milliken, Tom 177
Moore, Ben 192 f.
Müllplätze 27, 35, 43, **43,** 48, 100, 164,

166, 169, **183**

Nanook s. Eisbären
Nationalparks und Schutzgebiete
  Cayambe-Coca National Park (Ekuador) 125
  Chitwan Nationalpark (Nepal) 119
  Denali National Park (USA) 170, 186 f., 191 f.
  Glacier National Park (USA) 40, 170, 184
  Great Smokies National Park (USA) 45, **51,** 166 f., **166,** 182
  Katmai National Park (USA) 19 f., 75 f., **167**
  Kodiak National Wildlife Refuge (USA) 73 f.
  Koprivnica (Jugoslawien) 71
  Machu Picchu (Peru) 125
  McNeil-River-Reservat (USA) 68, 73 f., 75
  Noboribetsu Bear Park (Japan) 70
  Wolong Panda Preserve (China) **144,** 147, **154, 156**
  Yellowstone Nationalpark (USA) 81, 164, 173
  Yosemite Park (USA) 164
  Probleme und Fehlplanungen 164 ff.

Northwest Territories Department of
Renewable Resources 102 f.

O'Brien, Stephen 147
Oligozän 21
Olsen, Lance 28, 175

Paine, Dr. John 110
Panda s. Großer Panda
Pelton, Michael 48
Peyton, Bernie 126, 128
Pittman-Robertson Act 170 f.
Pleistozän 23, 83
Protursus 22

Rabinowitz, Dr. Alan 110
Rockwell, David 162
Rogers, Lynn 47
Roggeveen, Saskia 191 f.
Roosevelt, Theodore 163
Rotbär (Isabellbär) s. Braunbären,
   asiatische
Rote Liste (bedrohte Arten) 24, 109, 110
Roth, Hans 70

Schaller, George 144, 148, 152, 158
Schutzmaßnahmen für Bären 49, 71,
   99 f., 126, 154, 158, 166, 174 ff., 179

Schwarzbären, asiatische 69
   siehe auch Kragenbär, Lippenbär u.
   Malaienbär
Schwarzbären, nordamerikanische
   37–53
   Eieinnistung, verzögerte 47
   Entwicklung der Jungen 47 f.
   Farbvarianten 37 ff., **45**
   Fortpflanzung 47
   Freßgewohnheiten 43
   Gletscherbär 40, **41**
   körperliche Merkmale 45 f.
   Lachsfang **43**
   Laufgeschwindigkeit 46 f.
   Markieren der Bäume 47
   Nationalparks 43, 45, **45**
   Reviere 46 f.
   Schutzmaßnahmen 49
   Silberbär 40 f.
   „Stadtbären" 49 f.
   Sterblichkeitsrate der Jungen 48
   Tragzeit 47
   Verbreitung **36**, 37, **37**
   Wanderrouten 46
   Winterschlaf **48**, 48 f.
   Zimtbär 40, 42
Selenarctos thibetanus (asiatischer
   Schwarzbär, Kragenbär) 131

Selenarctos thibetanus formosanus
   (Unterart des asiatischen Schwarz-
   bären) 132
Selenarctos thibetanus japonicus
   (Unterart des asiatischen Schwarz-
   bären) 132
Selenarctos thibetanus ussuricus
   (Unterart des asiatischen Schwarz-
   bären) 132
Shaw, Dr. George 119
Sibirischer Braunbär s. Braunbären
Silberbär s. Schwarzbären, nordameri-
   kanische
„Smokey the Bear" 163 f., **164**
Sonnenbär s. Malaienbär

Taylor, Mitch 86, 99 f., 105
Tibetbär s. Braunbären, asiatische
Tremarctos ornatus (Brillenbär)
Tubbs, Darrell 191 f.

Ucumari s. Brillenbär
Ursavus elemensis 22
Ursus americanus (nordamerikani-
   scher Schwarzbär) 10, 42
Ursus arctos (Braunbär) 55 f.
Ursus arctos beringianus 68
Ursus arctos horribilis (Grizzly) 72

Ursus arctos isabellinus (Isabellbär) 69

Ursus arctos manchuricus (Mandschurenbär) 69

Ursus arctos middendorffi (Kodiakbär) 73

Ursus arctos pruinosus (Tibetbär) 69

Ursus etruscus 22

Ursus kermodei (Silberbär) 42

Ursus maritimus (Eisbär) 10, 83, 87

Ursus maritimus tyrannus (Unterart des Eisbären) 84

Ursus melanoleucas (Großer Panda) 144

Ursus spelaeus (Höhlenbär) 22, 23

Vequist, Gary 40

Wanderrouten der Bären 46, 90, 97, 100, 125, 174

Waschbären 147

Washington Forest Protection Association 51 f.

Watt, Paul 90

Wilderei 110 f., 177 f., 179

World Wide Fund for Nature (WWF) 109 f., 141, 144, 154, 177

Zimtbär, s. Schwarzbär, nordamerikanischer

Zoological Survey of India 117

Ergänzende Fotos

Dennis McAllister
Mel Douglas
Larry Thorngren
Jack Whitman